普通高等教育"十一五"国家级规划教材

北大版对外汉语教材·基础教程系列

高级飞翔篇 II

Boya Chinese

使用手册

李晓琪 主　编
金舒年　陈　莉 编　著

北京大学出版社
PEKING UNIVERSITY PRESS

图书在版编目(CIP)数据

博雅汉语·高级飞翔篇Ⅱ使用手册/李晓琪主编；金舒年，陈莉编著. —北京：北京大学出版社，2010.2

(北大版对外汉语教材·基础教程系列)

ISBN 978-7-301-16886-8

Ⅰ.博… Ⅱ.①李… ②金… ③陈… Ⅲ.汉语-对外汉语教学-教学参考资料 Ⅳ.H195.4

中国版本图书馆CIP数据核字(2010)第013541号

书　　　名：	博雅汉语·高级飞翔篇Ⅱ使用手册
著作责任者：	李晓琪 主编　金舒年　陈莉 编著
责 任 编 辑：	张弘泓
标 准 书 号：	ISBN 978-7-301-16886-8/H·2419
出 版 发 行：	北京大学出版社
地　　　址：	北京市海淀区成府路205号　100871
网　　　址：	http://www.pup.cn
电　　　话：	邮购部 62752015　发行部 62750672　编辑部 62753334　出版部 62754962
电 子 邮 箱：	zpup@pup.pku.edu.cn
印 刷 者：	北京飞达印刷有限责任公司
经 销 者：	新华书店
	787毫米×1092毫米　16开本　13印张　300千字
	2010年2月第1版　2010年2月第1次印刷
定　　　价：	30.00元

未经许可，不得以任何方式复制或抄袭本书之部分或全部内容。
版权所有，侵权必究　举报电话：010-62752024
电子邮箱：fd@pup.pku.edu.cn

前　言

　　《博雅汉语·高级飞翔篇》Ⅰ、Ⅱ、Ⅲ册问世以来，受到对外汉语教师和汉语学习者的广泛欢迎，使用的范围越来越广，使用者日益增多，要求编写使用手册的呼声也越来越强烈。为了帮助使用者更好地利用《飞翔篇》进行汉语教学，我们编写了这套使用手册。

　　本套使用手册是编者在多年使用《博雅汉语·高级飞翔篇》教学的基础上编写。我们原来的计划是编一套《教师手册》，供教师备课时参考。后来陆续接触到一些自学者，考虑到他们的需求，我们调整了原来的编写视角，把目光同时放在教师和学习者双方，并且定名为《使用手册》；这样，就使得这套书既可用作教师备课参考，又可为学生自学提供方便，扩大了使用的范围。

　　这套书中的每一课都是由以下六个部分组成的：

　　一、背景材料：主要介绍课文出处和作者的相关情况。

　　二、教学目标与步骤：包括教学目标、教学步骤、建议课时。

　　考虑到容易操作的原则，"教学步骤"这部分每一课的程序基本是一样的，都是把生词和课文分为两或三部分，然后把"词语辨析"和"语言点"也放在其中，穿插着进行教学。其实这只是可以操作的教学步骤之一，老师们完全可以根据情况采用多种多样的教学步骤进行教学。

　　三、词语教学：包括重点词语讲解、词语辨析部分的异同归纳及补充练习。

　　在"重点词语讲解"这部分，我们选择了每一课中意思和使用方法比较复杂的词语，有一定难度的词语进行解释。解释的角度和方法，根据每个词语的特点而有所不同，主要有这样四种情况：根据词语的义项来解释，根据词语在句子中的成分来解释，根据词语的不同搭配来解释，根据词性来解释。需要说明的是，我们讲解的只是这个词语的主要意思和用法，并不是关于这个词语的全部内容。在"词语辨析"和"语言点"中出现的词语没有列入"重点词语讲解"，以免重复。

　　在"词语辨析的异同归纳及补充练习"这部分，我们把"词语辨析"中关于词语异同的内容排列成表，以方便使用者理解和使用；"补充练习"这部分则可以随学随练。

四、课文教学:包括课文教学说明、课文内容提问、教学活动建议。

设计这部分内容的主要意图是,针对高级班汉语教学的特点,深化教学内容,使得课堂教学不仅仅停留在对词语、语法的解释和理解上,而且进一步深入到作者的背景和内心,深入到文章的思想和意义,深入到作品的语言和风格中去,启发和引导学生对课文所涉及的内容和文化进行比较深入的思考,从而从更深的层次上去体会和感受中国的文化和汉语的魅力。

同时,为了使课堂教学更加活泼生动,体现在体验中学习、在使用中学习、在互动中学习的任务型教学理念,我们对课堂教学活动给出了一些建议。这些课堂教学活动是针对每一课的具体情况来设计的,并且体现出综合性和创造性的特点,是对课文内容的一个扩展和延伸;教师必须要调动学生的积极性,让每个学生参与其中,才能取得最佳效果。另外,这些教学活动也是可以选择的,不需要每个都做,可以根据教学情况来决定。相信使用者在此基础上一定会创造出更加丰富、更加灵活的教学活动形式。

五、参考答案:包括词语辨析补充练习(见使用手册)、语言点练习(见教材)、部分"综合练习"(见教材)、部分"阅读与理解"(见教材)的参考答案。

六、文化知识点补充说明:选取与本课课文内容密切相关的知识点进行介绍。

这部分内容也是课文内容的扩展和延伸。我们希望至少能够起到三个作用:一是丰富教学内容;二是加深学生对课文的理解;三是增长学生的知识,开阔他们的眼界,引发学生进一步学习中国语言和文化的兴趣。

最后需要指出的是,因教学目的、课时、学生水平等存在差异,在使用本手册时可根据具体情况进行增删调整。

我们希望本手册能成为使用《高级飞翔篇》的教师和学习者的好助手,也非常欢迎使用者与我们分享自己的教学方法和学习感受。书中不足之处,敬请指正。

我们还要衷心感谢北京大学出版社沈浦娜老师和张弘泓老师对本套教材的出版所给予的大力支持和付出的辛勤劳动!

编　者

2009年初春于北京大学

目 录

第一课　每天都冒一点险 …………………………………………… 1
第二课　那年那月那狗 ……………………………………………… 21
第三课　人在风中 …………………………………………………… 42
第四课　现代化和蜗牛 ……………………………………………… 66
第五课　上天自有安排 ……………………………………………… 87
第六课　球迷种种 …………………………………………………… 105
第七课　面容 ………………………………………………………… 124
第八课　辛亥革命与我 ……………………………………………… 144
第九课　无为·逍遥·不设防 ……………………………………… 161
第十课　音乐之伴 …………………………………………………… 182

第一课　每天都冒一点险

壹　背景材料

一、毕淑敏(1952—)，女，祖籍山东，出生在新疆伊宁。中学就读于北京外国语学院附属学校。1969年入伍，在海拔5000米的西藏阿里高原部队当兵11年。历任卫生员、助理军医、军医。1980年转业回到北京。

二、毕淑敏从事医学工作20年后，开始专业写作。她是北京师范大学文学硕士，又是注册心理咨询师，国家一级作家。从1987年开始文学创作到现在，毕淑敏共发表作品200余万字。1989年加入中国作家协会。曾获得庄重文文学、小说月报第四至六届百花奖、当代文学奖、陈伯吹文学大奖、北京文学奖、昆仑文学奖、解放军文艺奖、青年文学奖、台湾第16届中国时报文学奖、台湾第17届联合报文学奖等各种文学奖30余次。

三、毕淑敏真正取得全国性声誉是在短篇小说《预约死亡》发表后，这篇作品被誉为是"新体验小说"的代表作，它以作者在临终关怀医院的亲历为素材，对面对死亡的当事者及其身边人的内心进行了探索，写得十分深刻而又精彩。

四、毕淑敏的主要作品有：《毕淑敏文集》八卷、长篇小说《红处方》、《血玲珑》、《拯救乳房》、《女心理师》，中短篇小说集《女人之约》、《昆仑殇》、《预约死亡》，散文集《婚姻鞋》、《素面朝天》、《保持惊奇》、《提醒幸福》、《心灵处方》、《鲜花手术》、《心灵眼睛》，《女儿拳》等。总结其作品内容，主要有两方面：一是反映藏北军旅生活，二是用医生的眼光来表现人生。

五、著名作家王蒙这样评论毕淑敏说："她确实是一个真正的医生,好医生,她会成为文学界的白衣天使。昆仑山上当兵的经历,医生的身份与心术,加上自幼大大的良民的自觉,使她成为文学圈内的一个新起的、别有特色的、新谐与健康的因子。"

贰　教学目标与步骤

一、教学目标

语　言	内　容	文　化
1. 理解并运用本课的重点词语（见"重点词语讲解"）。 2. 掌握词语辨析： （1）风险—危险 （2）范畴—范围 （3）生涯—生活 （4）通常—常常 3. 掌握语言点： （1）反倒 （2）不宜 （3）东（倒）西（歪） （4）七（绕）八（拐） （5）连（颠）带（跑） （6）略 （7）尚	1. 朗读课文,理解作者之所以要冒险的原因以及课文中所指的冒险的范畴。 2. 理解作者所冒的三次险的具体过程和不同感受。 3. 分析作者认为这样的冒险有什么意义,思考自己对作者的想法和行为有何看法。 4. 深入体会文章中所具有的幽默感。	1. 了解中国保护动物的法律法规和国家保护动物的种类。 2. 讨论现代人常见的心理问题及其形成的原因。 3. 了解心理医生和心理干预在中国的情况。

二、教学步骤

1. 导入。介绍课文内容及背景。
2. 词语1～48。词语辨析1～2。
3. 第一部分课文(到"但我决定仅用这一次,原因是无趣。")。注释1～2。语言点1～5。
4. 词语49～87。词语辨析3～4。
5. 第二部分课文。注释3～14。语言点6～7。
6. 做"综合练习"。
7. 阅读与理解。

三、建议课时:6～7课时。

叁 词语教学

一、重点词语讲解(词语见教材 pp.4～8)

(1) 憧憬

    A. 名词:清晨在新生活的～中醒来。

        心里充满了对未来的～。

        带着对美好生活的～来到北京。

    B. 动词:～着美好的未来。

        ～幸福、～春天、～自由、～光明、～欢乐、～美好的明天。

    C. 近义词:向往。

(2) 丸

    A. 名词:～药、～子、肉～、弹～之地。

    B. 量词:一～药;一天两次,每次一～。

(3) 一笑了之

    A. 作谓语:听了别人对自己的评价,他～。

        对于比赛失利这件事情,他～,根本没有放在心里。

    B. 作定语:老师对他的论文提出了意见,但他却是用一副～的态度来对待。

    C. 作状语:老板把他骂了一顿,别人都来安慰他,他却～地说:"无所谓啦。"

(6) 原始

    A. 最古老的:～社会、～年代、～森林、～动物、～民族、～人类、～部落、～方式、～工具、～武器、～习惯、～风俗、～礼节、～文化。

        反义词:现代。

    B. 最初的;第一手的:～(的)材料、～资料、～版本、～记录、～思想、～状态、～式样。

(9) 危机四伏
A. 作谓语：现在这个世界～。 他们俩的关系～。
B. 作定语：在这种～的形势下，我们必须多加小心。
这片森林是个～的地方，随时都会有危险发生。

(10) 凶残
A. ～的＋名词：～的人、～的行为、～的模样、～的表情、～的本性。
B. ～地＋动词：～地杀害、～地屠杀、～地迫害、～地折磨、～地对待。
C. 近义词：残暴、残忍、凶恶；反义词：仁慈、慈爱、和善。

(12) 躲避
A. ～＋具体事物：～车辆、～大雨、～太阳、～野兽、～坏人、～媒体、～老师、～父母、～袭击、～搜查、～考试、～开会、～上课、～处罚。
B. ～＋抽象事物：～困难、～矛盾、～是非、～危险、～风险、～感情。
C. 近义词：逃避、退避、避开；反义词：迎接、面对。

(14) 焦虑
A. ～的＋名词：～的心情、～的神情、～的神色、～的样子、～的心理。
B. ～地＋动词：～地说、～地想、～地问、～地期待、～地走来走去。
C. 近义词：焦急、着急、焦躁；反义词：镇定、安定、镇静。

(16) 享用
A. ～＋名词：～财产、～美食、～美酒、～设备、～住房、～成果、～资料。
B. 近义词：享受。
C. 享用—享受：
相同之处：都有在精神或物质上得到满足的意思；都是动词。
相异之处：a. "享用"强调使用某种事物后得到满足；而"享受"不一定要使用某种事物。
b. 搭配有所不同，"享受"的范围更广。以下例子只能使用"享受"：～权利、～待遇、～艺术、～民主、～自由、～幸福、～快乐、～人生、～假期、～文明、～乐趣、～荣誉、～美妙的时光。

(17) 超标
　　A. 名词＋～:体重～、含量～、数量～、有害物质～。
　　B. ～＋数量词:～百分之十;～十个百分点;～20倍。

(20) 恶劣
　　A. ～的＋名词:～的人、～的天气、～的行为、～的情绪、～的表现、～的品质、～的质量、～的状况、～的情况、～的风气、～的环境、～的条件、～的心情、～的态度、～的手段。
　　B. 近义词:坏、糟糕;反义词:好、良好。

(23) 饮弹
　　常用搭配:～而亡、～身亡、～而死、～倒下。

(27) 潜在
　　A. ～(的)＋名词:～的能力、～的意识、～的观念、～的目的、～的问题、～的对手、～的压力、～的威胁、～的势力、～的力量、～的危机。
　　B. 不能受程度副词的修饰。

(28) 损人利己
　　A. 作谓语:这个人常常～。　做人千万不能～。
　　B. 作定语:他是个～的人。　～的事情千万不能做。
　　C. 作宾语:他这个人喜欢～。　他赚钱靠的是～。
　　D. 作主语:～是非常不道德的行为。
　　E. 近义词:自私自利;反义词:舍己为人、先人后己。

(30) 回归
　　A. ～＋名词:～故乡、～自然、～祖国、～家庭。
　　B. ～到……:～到原来的状态、～到从前的样子、～到现实生活之中。
　　C. 近义词:返回;反义词:离开、脱离。

(32) 跃跃欲试 (34) 蠢蠢欲动

这两个词学生常常分辨不清。主要不同有以下两点：

A. 语义和感情色彩不同。"跃跃欲试"表示急切地想试一试,是中性词;"蠢蠢欲动"指坏人策划破坏活动,含贬义。

B. 用法基本相同,都可以作谓语、定语,但"蠢蠢欲动"一般不能作状语。

游泳课开始了,大家都跃跃欲试。
游泳课开始了,大家都跃跃欲试地想马上跳到水里去。
游泳老师看着大家跃跃欲试的样子,觉得非常可爱。
最近那些不法分子又蠢蠢欲动了。
看到不法分子蠢蠢欲动的样子,警察都做好了充分的准备。

(33) 自作多情

A. 作谓语：你别～了,她根本不喜欢你。
B. 作定语：他不断地过去跟她说话,一副～的样子。
C. 作状语：他～地给她写信、送礼物。
D. 扩展：自作聪明、自作主张、自作自受。

(37) 招摇

A. ～的＋名词：他是个招摇的人。大家都不喜欢她那一副～的样子。
B. 程度副词＋～：做人不能太～。这个人平时很～。
C. 动词＋～：她不爱(喜欢)～。
D. 扩展：～过市、～撞骗。

(39) 认可

A. ～＋名词：～证书、～能力、～学历、～人品、～水平、～价值、～法律、～规则、～做法、～行为、～内容、～题目、～计划。
B. 副词＋～：完全～、基本～、彻底～、勉强～、暂时～、一致～、普遍～。
C. 动词＋～：得到～、表示～、希望～、打算～。
D. 近义词：承认。

(40) 可观
　　A. ～的＋名词：～的收入、～的利益、～的财富、～的成绩、～的成果、～的数量、～的种类、～的产量、～的价值、～的能力、～的水平、～的程度、～的才能、～的力量、～的地位、～的权力。
　　B. 多用于积极的方面。

(46) 若干
　　A. 动词＋～：水果还剩下～。　钱还有～。　文字给老师删掉了～。
　　B. ～＋(量词)＋名词：～书、～笔、～文件、～个学生、～条围巾。

(47) 物美价廉
　　A. 也可以说"价廉物美"。
　　B. 作谓语：这家市场的东西～，很受欢迎。
　　C. 作定语：我看到～的东西就想买。
　　D. 反义词：质次价高。

(50) 合伙
　　A. ～＋动词结构：～做生意、～租房子、～做饭、～买东西、～开公司。
　　B. 近义词：结伙；反义词：散伙。

(55) 巧舌如簧
　　A. 作谓语：这个推销员～，他的话不能全信。
　　B. 作定语：听了那个～的售货员的话，他买了并不需要的东西。
　　C. 作宾语：我讨厌～，而有的人却偏偏喜欢～。
　　D. 近义词：花言巧语、天花乱坠；反义词：笨嘴拙舌。

(62) 杂糅
　　A. 名词＋～：内容～、语言～、古今～、中西～、风格～、颜色～。
　　B. 近义词：掺杂、混杂。

(65) 老少咸宜
　　A. 也可以说"老少皆宜"。
　　B. 作谓语：这部电影的内容～。散步这项运动～。

C. 作定语：水果是一种～的食品。

(69) 症结
　　A. 动词＋～：找到～、发现～、消除～、解决～、忽视～、研究～、抓住～。
　　B. 名词＋的＋～：事情的～、问题的～、疾病的～、事故的～。
　　C. 形容词＋的＋～：新的～、大的～、明显的～、重要的～、真正的～、共同的～、唯一的～、直接的～、全部的～。
　　D. 多用于消极的方面。

(78) 检点
　　A. 查看、查点：把夏天的衣服～一下。
　　　　～人数、～仓库里的货物、～自己的钱财、～随身携带的东西。
　　　　近义词：查点、清点、清查。
　　B. 自我约束、控制：行为～、言行～、做人～、说话～、饮食～。
　　　　近义词：约束、控制；反义词：放纵、放任。
　　　　可以受程度副词的修饰：他的行为很～。

(79) 束缚
　　A. ～＋名词：～人、～手脚、～思想、～头脑、～观念、～生产力。
　　B. 动词＋～：受到～、遭受～、摆脱～、解除～、冲破～、脱离～。
　　C. 近义词：约束、控制；反义词：解放、放开。

(80) 微不足道
　　A. 作谓语：这点小事～。我所做的事情～。
　　B. 作定语：这些都是～的小事，不必去管它。
　　C. 做宾语：比起他来，我的作品显得～。
　　D. 近义词：不足挂齿；反义词：举足轻重。

(84) 突破
　　A. 集中兵力进攻一点：～包围、～防线、～阵地。
　　B. 打破：～纪录、～水平、～数量、～传统、～模式、～观念、～限制、～问题、～难关、～偏见。
　　C. 近义词：冲破、打破。反义词：保持。

二、词语辨析部分(见教材 pp.9～13)的异同归纳及补充练习

1. 风险——危险

   ◆ 相同之处：

	风　险　　危　险
1. 语义：	都有不安全、可能遭到损害或失败的意思。
2. 词性：	都是名词。

   ◆ 相异之处：

	风　险	危　险
1. 语义（例 1、2）：	语义轻；常指经济方面。	语义重；常指危及生命。
2. 词性（例 3、4）：	名词。	名词、形容词。
3. 搭配（例 5、6、7）：	范围窄： 1. 投资、试验、开发。 2. 常搭配的动词：有、担、承担、冒。	范围宽： 1. 各种不安全的情况。 2. 常搭配的动词：有、冒、发生、出现、感到、遇到、消除、脱离。

   【练习】
   1. 酒后开车实在太(　　　)了,这是任何国家的交通法规都不允许的。
   2. 基金、股票都属于(　　　)投资,投资人必须有(　　　)意识。
   3. 飞机、火车上严禁携带易燃、易爆的(　　　)品。
   4. 参与任何经济活动都会承担一定的(　　　),你必须有心理准备。

2. 范畴——范围

   ◆ 相同之处：

	范　畴　　范　围
1. 语义：	都有一定的界限内的意思。
2. 词性：	都是名词。

◆ 相异之处：

	范　畴	范　围
1. 语义侧重点(例1、2、3)：	大的、抽象的事物。	某个事物的周围界限。
2. 搭配（例4、5、6、7)：	抽象事物。	抽象的、具体的事物都可以。
3. 语体：	书面语。	口语、书面语。

【练习】

1. 劳动生产率、国民经济总值、可持续发展等概念都属于经济学的（　　　）。
2. 代数、几何、函数什么的是属于什么（　　　）的概念呀？
3. 凡是在我们日常生活的（　　　）内发生的事情都是新闻报道的对象。
4. 这个词的使用（　　　）比那个词大得多。

3. 生涯——生活

◆ 相同之处：

	生　涯　　生　活
1. 语义：	都有生活的意思。
2. 词性：	都是名词。

◆ 相异之处：

	生　涯	生　活
1. 语义一（例1、2)：	只用于"人"，与职业有关。	可用于"人"、各种生物；可以代替"生涯"。
2. 语义二（例6)：	没有这个意思。	指衣食住行方面的情况。
3. 词性（例7)：	名词。	名词、动词。
4. 搭配：		~+名词：~状态、~态度、~情况、~目标、~理想、~知识。
5. 语体：	书面语。	口语、书面语。

【练习】

1. 斯里兰卡政府赠送给中国政府的大象就（　　　）在北京动物园里。
2. 今天的演出是他的告别演出，明天他就将结束他的舞台（　　　）了。

3. 你了解猫科动物的（　　　）规律吗？一般来说，它们习惯于昼伏夜出。

4. 他的警察（　　　）是一段充满了惊险和传奇色彩的难忘时光。

5. 你看过BTV（　　　）频道的"（　　　）广角"节目吗？

4. 通常——常常

◆ 相同之处：

	通　常	常　常
1. 语义：	都有含有"经常"的意思。	

◆ 相异之处：

	通　常	常　常
1. 语义侧重点（例1、2）：	在较长的时间内。	与时间没有关系。
2. 词性一（例3、4、5、6）：	名词；可在主语的前或后；可跟"都"；不能加"不"。	副词；只能在主语后；不能跟"都"；可以加"不"。
3. 词性二（例7、8）：	形容词。	没有这个词性。
4. 搭配一（例9、10）：	不能与单个词、简单短语组合。	可以。
5. 搭配二（例11、12）：	不能与具体的时间词搭配（去年、今年、一月份）。	不能与表示较长时段的时间词搭配（一年、二十年）。

【练习】修改下面的句子：

1. 常常我七点起床。

2. 我通常上课。

3. 我常常两年去一次颐和园。

4. 我今年通常去看电影。

5. 他常常都不上课。

6. 他不通常吃饺子。

7. 根据常常的情况，大门晚上12点关。

肆 课文教学

一、课文教学说明(课文见教材 pp.1～3)

1. 关于文体:本文是一篇夹叙夹议的散文。

2. 关于内容:这篇短文的内容非常有趣。它通过对种种冒险情况的分析和作者自己经历的一些事例,阐述了一个心理学方面的问题:人怎样才能保持年轻的心态。作者在分析了关于冒险的种种情况之后,确定了自己所说的"冒险"的范围,并且通过自己的亲身尝试,得出一个结论:每个人在心理上都有只属于自己的、在别人看来微不足道的"束缚",正是这些束缚使得我们不敢去尝试一些新鲜的事物,每天墨守成规地生活,这样也会使我们的心理过早地老化。如果我们不断地突破这些束缚,我们的生命就会因为新元素的不断加入而更加充满活力。课文表现出了一种积极乐观的人生态度,对每个人,特别是身处异国他乡的留学生非常具有启发性。可以说,这篇文章于妙趣横生中见哲理,字里行间流露的是作者的冷静与善意。在作者的笔下,我们看到的是一位用睿智的眼光,对生活、生命进行着理性思索的智者。

3. 关于语言:娴熟驾驭语言的能力为毕淑敏的散文起到了增光添彩的作用。本文的语言非常鲜明地表现了毕淑敏短篇散文的特色:平和、明快、灵动而又不失幽默。她的散文没有华丽辞藻的修饰,就连她的比喻也浅显易懂。文章于不慌不忙中娓娓道来,同时又加入了很多幽默的元素,加之口语的活泼,给人一种亲切、轻松、真实的美感。此外,冷静也是毕淑敏语言的一大特色,这篇文章没有大悲大喜,语言变化的起伏不大,节奏从容平缓,用课文中的一个词来形容,就是"气定神闲";但细读之下,你能感受到其中所蕴含着的作者热爱生活的激情。

二、课文内容提问

1. 根据那本小册子,人的衰老有什么表现?改变这种情况有什么好办法?
2. 与现代人相比,古代人所冒的险有什么不同?
3. 作者说"从此再也用不着冒险了"具体是什么意思?
4. 穷人冒的险与富人冒的险有什么不同?"险"为什么不宜分穷富?
5. 作者为自己定下的冒险范畴是什么?解释"自作多情"在文章中的意思。
6. 作者冒的第一次险是什么?

7. 对于第一次冒险,作者为什么"不悔"?但又为什么"决定仅用这一次"?
8. 作者第二次冒了什么险?
9. 作者第三次冒的是什么险?结果怎么样?
10. 经过几次冒险,作者有什么感受?

三、教学活动建议

1. 全班一起聚餐,每人点一个从来没吃过的菜,品尝后交流感受。
2. 两三个同学一组,到书店或网络上找一找毕淑敏的其他文章或著作,给全班同学作一个简单的介绍。
3. 先讨论后辩论:你认为作者所说的"冒险"有没有意义?
   A. 全班分为两组,决定正方、反方。
   B. 分组讨论:为自己的观点找到尽量多的理由。每组至少要使用课文中的词语10个。
   C. 分配好辩论时每人承担的任务,即每个人所要表述的观点。
   D. 正反方进行辩论。老师作总结。

伍 参考答案

一、词语辨析补充练习(见使用手册pp.9~11)参考答案

1. 风险——危险
   ① 危险　② 风险、风险　③ 危险　④ 风险
2. 范畴——范围
   ① 范畴　② 范畴　③ 范围　④ 范围
3. 生涯——生活
   ① 生活　② 生涯　③ 生活　④ 生涯　⑤ 生活、生活
4. 通常——常常
   ① 通常　② 常常　③ 通常　④ 常常　⑤ 通常
   ⑥ 常常　⑦ 通常

二、语言点练习(见教材 pp.13～18)参考答案

1. 反倒

   【练习】用"反倒"完成句子:
   (1) 父母不仅没责怪他,<u>反倒夸奖他做得很对</u>。
   (2) 那位女演员年纪越来越大,<u>反倒越来越有风度了</u>。
   (3) 在这种时候,生气不但不能解决问题,<u>反倒会使事情更加复杂</u>。
   (4) 饮食过量,营养过剩,不但对身体没有好处,<u>反倒会伤害身体</u>。
   (5) 生活水平越来越高了,<u>人们的心理问题反倒比以前多了</u>。
   (6) 在这种危险的处境中,<u>反倒应该比平时更加沉着冷静</u>。

2. 不宜

   【练习】用"不宜"或"宜 X 不宜 Y"完成句子
   (1) 肠胃不好的人<u>不宜吃太多凉的食品</u>。
   (2) 运动之前<u>不宜吃得太饱</u>。
   (3) 考试的前一天晚上,<u>不宜熬夜</u>。
   (4) 给孩子买衣服宜大<u>不宜小</u>。
   (5) 高血压患者的饮食宜淡<u>不宜咸</u>。

3. 东(倒)西(歪)

   【练习】选用上面的固定词组完成句子
   (1) 总有一些人爱在厕所的墙上、门上<u>东涂西抹</u>。
   (2) 考试的时候,自己看自己的卷子,不要<u>东张西望</u>。
   (3) 演讲应该有主题,不能<u>东拉西扯</u>。
   (4) 为了逃避法律的制裁,他<u>东躲西藏</u>,不敢见人。
   (5) 李教授一看这篇论文,就知道是王为<u>东拼西凑</u>的,所以给了他零分。

4. 七(绕)八(拐)

   【练习】选用上面的固定词组完成句子
   (1) 这件衣服原价是两千多块,但<u>七折八扣</u>以后,就只卖几百块钱,多合算啊!
   (2) 听说公司要裁员,大家的心里一时都<u>七上八下</u>的。

(3) 在分配会上,同学们你一言,我一语,<u>七嘴八舌</u>,就毕业去向问题谈了不少自己的想法。

(4) 大家<u>七手八脚</u>,一会儿工夫就把会场布置好了。

(5) 中国的亲属称谓十分复杂,<u>七大姑八大姨</u>的,让外国人一听头都大了。

5. 连(颠)带(跑)

【练习】用"连 X 带 Y"完成句子

(1) 孩子们<u>连蹦带跳</u>地跑回了家。

(2) 那位相声演员<u>连说带唱</u>地给大家表演了一段。

(3) 她<u>连哭带闹</u>地吵着要离婚。

(4) 这家洗浴中心价格公道,<u>连洗澡带理发</u>,总共只要三十块。

(5) 她骑车不小心,<u>连人带车</u>,都摔到了沟里。

(6) 上个周末单位组织春游,<u>连老带小</u>,一共去了五十多个人。

6. 略

【练习】(一) 选用上面带"略"的词语完成句子

(1) 战士们在河边<u>略事休整</u>,便又出发了。

(2) 中国文化我<u>略知一二</u>,说不上精通。

(3) 这两支队伍比起来,大连队有几名国家级队员,实力<u>略胜一筹</u>。

(4) 这篇文章没什么大毛病,<u>略加修改</u>便可发表。

(5) 文文是一个很注重生活情趣的人,你瞧她这屋子,就可<u>略见一斑</u>了。

(二) 用"略"改写下面的句子

(1) 晚上的天气稍微有一些寒意,要出门还是得加一件衣服。
<u>晚上的天气略有一些寒意,要出门还是得加一件衣服。</u>

(2) 对于唐宋两代的历史我略微知道一些,也许可以回答你的问题。
<u>对于唐宋两代的历史我略知一二,也许可以回答你的问题。</u>

(3) 他的脸上表现出一些为难的样子,大家也就不再强迫他了。
<u>他的脸上略表现出一些为难的样子,大家也就不再强迫他了。</u>

(4) 昨天晚上我喝的咖啡有点儿太浓了,搞得我没睡好觉。
    昨天晚上我喝的咖啡<u>略浓了点儿</u>,搞得我没睡好觉。
(5) 爷爷奶奶的心是好的,只是思想观念有些陈旧罢了。
    爷爷奶奶的心是好的,只是思想观念<u>略有</u>些陈旧罢了。

7. 尚

【练习】用带"尚"的短语完成句子

(1) 小玲年纪<u>尚小(轻)</u>,社会经验不丰富,还望前辈们多多指教。
(2) 时间<u>尚早</u>,不必着急。
(3) 白奶奶尽管手脚不便,但脑子<u>尚好</u>。
(4) 此地的居住条件虽不尽如人意,但<u>尚能将就</u>。
(5) 病人刚做完手术,<u>尚未清醒</u>,请不要打扰他。

三、部分"综合练习"(见教材pp.19～24)参考答案

Ⅰ 词语练习

一、填入合适的名词

原始(森林)   躲避(灾难)   回归(自然)
检点(物品)   束缚(头脑)   突破(纪录)
狠毒的(罪犯) 恶劣的(天气) 潜在的(能力)
焦虑的(表情) 可观的(收入) 惶惑的(神情)

二、选择合适的动词填空

1. 超标   2. 享用   3. 杂糅   4. 揪
5. 铆、起锚   6. 合伙、操作、赌博、拘禁

三、写出下列词语的近义词或反义词

(一) 写出近义词

憧憬——向往   凶残——凶恶/残忍
焦虑——焦急/焦躁   浑身——全身
享用——享受   眼下——目前/现在
认可——承认   如同——好像

(二) 写出反义词

狠毒——善良/慈善   原始——现代
损人利己——舍己为人 无趣——有趣

活扣——死扣   焦虑不安——气定神闲/心平气和

四、选词填空

1. 危险   2. 风险   3. 范畴   4. 范围
5. 生活   6. 生涯   7. 常常   8. 通常

五、解释句中画线词语的意思

1. B   2. A   3. A   4. B   5. A
6. A/C   7. A   8. B   9. A   10. A

六、选择正确的答案

1. C   2. A   3. B   4. A   5. C
6. A   7. A   8. B   9. A   10. C

七、在每个空格中填入一个合适的汉字

1. 憬   2. 好   3. 招
4. 凶、境、险   5. 结   6. 生、困、焦

八、选词填空,并选择5个模仿造句

1. 损人利己   2. 跃跃欲试   3. 微不足道、一笑了之
4. 巧舌如簧   5. 物美价廉   6. 危机四伏   7. 不由自主

Ⅱ 课文理解练习

一、根据课文内容判断正误

1. ✗   2. ✓   3. ✗   4. ✗   5. ✓
6. ✗   7. ✓   8. ✓   9. ✗   10. ✗

四、部分"阅读与理解"(见教材pp.28)**参考答案**

(一) 根据文章内容判断正误

第一个故事：1. ✗   2. ✗   3. ✓
第二个故事：4. ✓   5. ✗
第三个故事：6. ✗   7. ✓   8. ✓
第四个故事：9. ✗   10. ✗
第五个故事：11. ✗   12. ✓   13. ✗

陆 文化知识点补充说明

中国的菜系

中国的饮食文化丰富多彩,世界闻名。在悠久的发展历程中,中国菜形成了一系列独具风格的菜系。所谓菜系,就是自成体系、特色鲜明的烹饪技艺和菜肴风味。

通常人们所说的八大菜系,指的是:川(四川)菜、鲁(山东)菜、粤(广东)菜、苏(江苏南部)菜、湘(湖南)菜、浙(浙江)菜、闽(福建)菜、徽(安徽)菜。

在八大菜系中最有特色、影响最大的是四大菜系,即川、鲁、粤、苏。

这些著名菜系的共同特点是:

1. 它们都是在各个地域的内外经济文化交流中形成的。
2. 它们所产生的地域腹地深广,饮食资源丰富,具有饮食业发达的物质基础。
3. 它们的调味基调相同,几乎所有的菜式都离不开清鲜或浓香两种基调。
4. 它们所具有的营养都非常丰富。
5. 它们都做到了色、香、味、形俱佳。

同时,这些菜系也都具有各自的鲜明特色。除了这些有名的菜系之外,中国菜中还有很多有名的饮食、各地的风味小吃和节日食品等,数不胜数。

西藏简介

汉语中的"西藏"是指中华人民共和国的西藏自治区,简称"藏"。

一、发展历史

公元七世纪初,松赞干布统一西藏,在逻些(今拉萨)建立吐蕃王朝,并与唐朝建立了密切的关系。元朝时期,中央政府设立管理藏区事务的宣政院,建立了西藏萨迦地方政权,西藏成为中国元朝中央政府直接治理下的一个行政区域。明朝中央政府承袭元制,设立专职官员管理西藏军政事务,建立了帕竹地方政权。到清朝,颁布了一系列文件,对西藏地方政府的政治、财政、军事、外交、宗教等方面进行了规范,中央管理进一步加强。1951年5月23日,中央人民政府与西藏地方政府在北京签定了《中央人民政府和西藏地方政府关于和平解放西藏办法的协议》,西藏实现和平解放。1956年成立西藏自治区筹备委员会。1965年9月1日,西藏自治区正式成立,自治区首府设在拉萨。

二、行政区划

西藏自治区现设6地1市,即:拉萨市、日喀则地区、山南地区、林芝地区、昌都地区、那曲地区、阿里地区;共有71个县,1个县级市,1个县级区;140个镇,543个乡。

三、自然地理

西藏自治区位于青藏高原西南部,地势由西北向东南倾斜,地形复杂多样,全区面积120.223万平方公里,约占中国总面积的1/8,在全国各省、市、自治区中仅次于新疆。

西藏平均海拔在4,000米以上,素有"世界屋脊"之称。境内海拔在7,000米以上的高峰有50多座,其中8,000米以上的有11座,被称为除南极、北极以外的"地球第三极"。全区为喜马拉雅山脉、昆仑山脉和唐古拉山脉所环抱,地形地貌复杂多样,景色奇丽。

四、名胜古迹

西藏名胜古迹众多。全区有各级文物保护单位251处,其中,国家级重点文物保护单位27处,自治区级重点文物保护单位55处,地(市)、县级文物保护单位169处。

西藏的名胜古迹中最著名的就是布达拉宫,这是西藏现存最大最完整的古堡建筑群,结构庞大,气势雄伟,位于拉萨市中心,以前是达赖的冬宫。1995年列入世界文化遗产名录。

五、饮食习惯

藏族人主要以食牛羊肉和奶制品为主。在牧区人们一般不吃蔬菜,饮食单调,牧区乃至整个西藏都属高脂肪、高蛋白饮食区。牛羊肉热量很高,这有助于生活在高海拔地区的人们抵御寒冷。

各种饮料是构成藏族民众营养食品不可缺少的东西。常见的饮料有酥油茶、甜茶、青稞酒等。酥油茶除了与主食糌粑同时食用外,也是每日食用的饮料。酥油茶与甜茶分别用酥油、牛奶或奶粉加茶叶、盐、白糖制成,酥油茶与甜茶都具有茶的功能。在西藏,用酥油茶待客,是藏民族古老的传统。藏族的另一种饮料青稞酒是用青稞发酵后酿制而成的,每到节日,拉萨人都要提上甘甜醉人的青稞酒,来到绿茵茵的草地上,三五成群,搭起各种色彩的帐篷,一边喝着青稞酒,一边尽情歌舞。

酥油也是藏族人不可缺少的食品。它是从牛、羊奶中提炼出来的,有很高的营养价值。藏族人一般很少吃菜和水果,日常的热量除了肉外,便靠酥油了。酥油的吃法很多,主要是打酥油茶喝,也有放在糌粑里调和着吃;逢年过节,老乡们炸果子、"卡赛"也用酥油。

第二课　那年那月那狗

壹　背景材料

一、关于作者张蕾,尚未找到详细的资料。

二、本篇课文选自2002年5月金城出版社出版的《人与动物的故事》一书。由于文章内容感人,本文后来又陆续被《读者》、《中外书摘》等杂志选登。

贰　教学目标与步骤

一、教学目标

语　言	内　容	文　化
1. 理解并运用本课的重点词语（见"重点词语讲解"）。 2. 掌握词语辨析： 　（1）最为—最 　（2）稀罕—稀奇 　（3）冷漠—冷淡 　（4）举动—行动 　（5）确切—确实 　（6）最终—最后 3. 掌握语言点： 　（1）于 　（2）日渐 　（3）任凭 　（4）越发 　（5）动词＋上＋数量词 　（6）生怕 　（7）抑或	1. 朗读课文，了解故事的时代背景、主要人物、动物和他们的命运。 2. 通过课文讲述的故事分析太爷爷和小狮子的性格特点。 3. 思考动物和人类的关系，以及人类应该如何与动物相处。 4. 讨论对动物保护组织和动物保护主义者的看法。	1. 了解犬的种类以及在人类生活中的作用。 2. 了解"狗"在汉语中的文化含义。

21

二、教学步骤

1. 导入。介绍课文内容及背景。
2. 词语1～43。词语辨析1～2。
3. 第一部分课文(到"乖乖地任凭主人摆布")。注释1～5。语言点1～3。
4. 词语44～81。
5. 第二部分课文(到"就是鬼使神差回了家也会吃闭门羹")。注释6～9。语言点4～5。
6. 词语82～111。词语辨析3～6。
7. 第三部分课文。语言点6～7。
8. 做"综合练习"。
9. 阅读与理解。

三、建议课时:8～9课时。

叁　词语教学

一、重点词语讲解(词语见教材 pp.34～39)

(8) 绝无仅有

　　A. 作谓语:这件文物在世界上～。这样的事情在他的一生中～。
　　B. 作定语:这是一幅汉代留下来的、～的名画。
　　　　2008年5月,中国四川发生了300年来～的大地震。
　　C. 近义词:独一无二;反义词:多如牛毛、数不胜数。

(11) 光可鉴人

　　A. 作谓语:这面汉代流传下来的铜镜至今还～。
　　B. 作定语:～的桌面说明主人是一个非常勤快而又爱整洁的人。
　　C. 作补语:她把地板擦得～。

(16) 轰动

　　A. ～+名词:～世界、～全国、～学校、～会场、～影坛、～演艺界。
　　B. 动词+～:引起～、造成～、产生～、出现～、避免～、防止～。
　　C. 程度副词+～:很～、非常～。
　　D. 近义词:震动、惊动。

(17) 奔走相告
　　A. 作谓语:喜讯传来,人们~。听到这个好消息,同学们~。
　　B. 作补语:最近股市天天上涨,股民们高兴得~。
　　C. 扩展:奔走呼号、四处奔走。

(21) 接二连三
　　A. 作谓语:这个干燥的冬季火灾~。
　　B. 作定语:~的交通事故给人们敲响了警钟。
　　C. 作状语:学生们~地来到大礼堂,准备聆听教授的讲演。

(22) 徘徊
　　A. 在一个范围里来回走:在院子里~、~了很久、~在海边、不安地~着。
　　B. 比喻犹豫不决:他在人生的十字路口~不定,久久不能作出决断。
　　　近义词:彷徨、犹豫。
　　C. 比喻事物在某个范围内摆动,不能突破:经济情况~不前。气温在10度上下~。成绩~在60分左右。

(27) 扒
　　A. 抓着(东西):音 bā;~墙、~窗、~树枝、~着石头、~着他的肩膀。
　　B. 偷窃:音 pá;~手、~窃。

(34) 纵横
　　A. 动词:~中国、~世界、~全球、~两万里。
　　B. 形容词:道路~、铁路~、河流~、山脉~、胡同~、老泪~、皱纹~、~交错。

(43) 摆布
　　A. 安排、布置:屋里的家具~得井井有条。柜子太乱了,得重新~一下。
　　　近义词:安排、布置。
　　B. 操纵、支配(别人的行动):~孩子、~学生;任人~、受人~、随便~。
　　　近义词:操纵、摆弄。

(44) 闷闷不乐
 A. 作谓语：最近他整天～。
 B. 作定语：最近他总是一副～的样子。看着他～的表情，大家也没了情绪。
 C. 作状语：他一个人在房间里～地看电视。
 D. 作补语：他整天无所事事，日子过得～。
 E. 作宾语：老板的批评让他感到～。
 F. 近义词：快快不乐、郁郁不乐、无精打采；反义词：欢天喜地、兴高采烈。

(46) 拥有
 A. ～＋具体事物：～房子、～汽车、～财产、～公司、～石油、～资源。
 B. ～＋抽象事物：～事业、～位置、～权力、～力量、～身份、～知识、～技术、～时间、～魅力。
 C. 近义词：具有；反义词：缺乏、没有。
 D. 拥有—具有：
 相同之处：都是动词，都表示有的意思。
 不同之处：
 1. "拥有"侧重领有、享有，含有褒义；"具有"侧重在存在、具备，是中性词。
 2. "拥有"可以指具体事物或抽象事物；而"具有"多用于抽象事物。

(56) 相间
 A. 名词＋～：黑白～、黄绿～、高低～、大小～、花草～。
 B. 近义词：间隔、相隔。

(57) 衬托
 A. 作谓语：红花还要绿叶来～；一座座山峰互相～。
 B. 带补语：一片白雪，把脚印～得格外清晰。
  小姑娘的脸色被衣服～得格外漂亮。
 C. ～出……：丈夫个子高大，～出妻子的娇小。
  在这部电影中，小张的沉静更～出小李的活泼。
 D. 近义词：烘托、映衬。

(60) 焕发
　　A. ～+名词：～精神、～光彩、～青春、～活力、～激情、～魅力、～生命力。
　　B. ～出(来)……：他的才气终于～出来了。浑身～出充沛的精力。听到好消息,他的眼睛～出神采来。
　　C. 近义词：散发。

(61) 活蹦乱跳
　　A. 作谓语：这个孩子～的。他成天～的,像个孩子。
　　B. 作状语：我家的小狗～地向我跑过来。
　　C. 作定语：一群～的孩子在院子里玩儿。
　　D. 也可以说"欢蹦乱跳"。

(63) 轻车熟路
　　A. 作谓语：我妈妈包起饺子来～,包得又快又好吃。
　　B. 作定语：使用电脑对很多年轻人来说是～的事情。
　　C. 作状语：我对那一带很熟悉,～地找到了朋友的家。
　　D. 近义词：驾轻就熟、轻而易举、易如反掌。

(65) 伤痕
　　A. 指物体受损害后留下的痕迹：～累累、一道～、留下～、形成～。
　　B. 比喻心灵或精神上受到创伤后留下的难以忘怀的痕迹：心灵的～、感情的～、～文学。
　　C. 近义词：伤疤。

(68) 惊诧
　　A. ～的+名词：～的目光、～的表情、～的神态、～的样子。
　　B. ～地+动词：～地问、～地说、～地看、～地瞪大眼睛、～地说不出话来。
　　C. 动词+～：感到～、觉得～、显得～。
　　D. 近义词：惊奇、惊异、诧异、惊讶、惊愕。

(71) 逾越

A. ~＋名词：~难关、~障碍、~界限、~限度、~规矩、~常规、~鸿沟、~深沟、~代沟、~高山、~高墙、~国界。

B. 近义词：超越、跨越。

(75) 较劲

A. 比力气；较量高低：两个大力士在~。
几个人在跑道上你追我赶，较上了劲。

B. 作对；闹别扭：他换了好几个公司，到哪儿都爱跟老板~。
天气总是爱跟人~，现在农作物正需要水，它就是不下雨。

C. 特别需要发挥作用或使用力气：六月份就高考了，现在正是~的时候。

(77) 抗争

A. 和（与、同）……~：和命运~、与恶势力~、同困难~、和死神~。

B. 近义词：对抗、斗争；反义词：妥协、投降、屈服。

(78) 畏惧

A. ~＋名词：~动物、~警察、~战争、~疾病、~困难、~失败、~考试。

B. 可以受程度副词的修饰：很~、非常~。

C. 近义词：惧怕、害怕、恐惧。

(79) 情愿

A. 动词：~帮助、~协助、~吃苦、~结婚、~辞职、~改正、~离开、~学汉语、~来中国、~吃中国菜。
近义词：愿意。

B. 副词：不好的东西~扔掉也不能送人。~自己吃苦，不能让孩子受委曲。
近义词：宁愿、宁可。

C. 作动词时可以受程度副词修饰：非常~、十分~。

(80) 风驰电掣
　　A. 作谓语：一辆小车在路上～，一路狂奔。
　　B. 作定语：～的火车奔驰在广阔的原野上。
　　C. 作状语：一辆摩托车～地开过来。

(81) 鬼使神差
　　A. 作状语：他～地来到这个地方。小狗又～地回来了。
　　B. 作宾语：我们俩不期而遇，好像～一样。

(82) 徒步
　　A. ～＋距离：～两公里、～一万米。
　　B. ～＋动词：～旅行、～前往、～前去、～来到、～走到、～前进。

(88) 交加
　　A. 名词＋～：风雨～、雨雪～、风雪～、雷电～、贫病～、悲喜～、惊喜～。
　　B. 近义词：交集、交织。

(91) 步履蹒跚
　　A. 作谓语：王老师满头白发，～，真需要有个人照顾他。
　　B. 作定语：看到他受伤后～的样子，很多人都来帮助他。
　　C. 作状语：孩子第一次走路，～地向前迈步，那样子可爱极了。
　　D. 反义词：健步如飞。

(92) 忍饥挨饿
　　A. 作谓语：过去这里的人们～，现在生活好多了。
　　B. 作定语：这种～的日子实在让人受不了。
　　C. 作状语：他们在山里～地生活了五天，终于获救了。
　　D. 近义词：饥寒交迫；反义词：酒足饭饱。

(96) 防备
　　A. ～＋名词：～灾难、～敌人、～对手、～小偷、～车祸、～火灾。

B. ~＋动词：~进攻、~侵略、~袭击、~失败、~破坏、~受骗、~摔倒。

C. 近义词：防范、预防、防止。

(97) 奋力

A. ~＋动词：~向前、~游泳、~奔跑、~抢救、~爬山、~工作、~搬起。

B. 近义词：努力；反义词：懈怠。

(98) 执着

A. 也可以写作"执著"。

B. ~的＋名词：~的人、~的精神、~的思想、~的态度、~的性格、~的样子、~的个性。

C. ~地＋动词：~地追求、~地探索、~地学习、~地坚持、~地研究。

(99) 承受

A. ~＋名词：~压力、~重量、~灾难、~严寒、~酷暑、~病痛、~考验。

B. ~＋动词：~打击、~迫害、~辱骂、~怀疑、~批评、~埋怨、~检验。

C. ~＋形容词：~悲痛、~痛苦、~孤独、~寂寞、~劳累、~艰难。

D. 近义词：经受、受到。

(101) 不良

A. ~（的）＋名词：~的风气、~的影响、~的习惯、~的倾向、~的思想、~的嗜好、~现象、~少年、~商人、~社会。

B. 名词/动词＋~：营养~、消化~、存心~、运转~。

C. 不能受程度副词修饰。

D. 反义词：良好、优良。

(106) 相依为命

A. 作谓语：丈夫去世后，母女俩~。

B. 作定语：在当时那种艰苦的条件下，他们俩过着~的生活。

C. 作状语：他们俩～地生活在一起。

(109) 老泪纵横

A. 作谓语：听了孙子的话，爷爷～。
B. 作定语：看着奶奶～的样子，大家都很难过。
C. 作状语：张爷爷～地把多年未见的孙女抱在怀里。

(111) 献身

A. 用于积极的方面。
B. 为……(而)献身：小狮子为祖国的医学事业而～了。
C. 献身于……：赵教授一辈子～于他所热爱的科学事业。

二、词语辨析部分(见教材 pp.40～45)的异同归纳及补充练习

1. 最为——最

◆ 相同之处：

	最为	最
1. 语义：	都表示某种属性超过所有同类的人或事物。	
2. 词性：	都是副词。	

◆ 相异之处：

	最为	最
1. 词性（例1）：	副词。	副词、名词。
2. 搭配一(例2、3、4)：	～＋部分双音节形容词。	～＋单音节/双音节形容词。
3. 搭配二(例5、6、7)：	没有这种用法。	～＋方位词/动词。

【练习】

1. 请说出贵国的自然景物之(　　　)和人造景物之(　　　)。
2. 黑龙江的漠河是中国(　　　)北边的城市，气候寒冷。
3. 这是这里(　　　)有特色的菜品了，你一定要品尝一下。
4. 考入北大的学生都是当地(　　　)优秀的学生。
5. 我(　　　)希望今年秋天能够顺利进入我所理想的北大院系读本科。

2. 稀罕——稀奇

◆ 相同之处：

	稀罕　稀奇
1. 语义：	都有事物少见、稀有的意思。
2. 词性：	都是形容词。

◆ 相异之处：

	稀　罕	稀　奇
1. 语义侧重点（例1、2、3、4）：	数量少，不容易得到，值得珍惜。	数量少，新奇、特别，指感受。
2. 词性（例5、6）：	形容词、动词、名词。	形容词。
3. 语义（例7）：	名词：表示稀罕的东西。	没有这个意思。
4. 搭配（例8）：	没有这种用法。	～古怪。

【练习】

1. 偏僻的村子里来了个老外，从来没见过外国人的村民都跑来看（　　　）。
2. 最近我们宿舍发生了很多（　　　）古怪的事情，搞得大家精神很紧张。
3. 现在的孩子什么都不缺，所以你给他买什么他都不（　　　）。
4. 中国古典风格的房子在北大到处都是，没什么（　　　）的。
5. 这只翡翠的手镯可是个（　　　）物，是清代皇家留传下来的。

3. 冷漠——冷淡

◆ 相同之处：

	冷漠　冷淡
1. 语义：	都有不热情，不关心的意思。
2. 词性：	都是形容词。

◆ 相异之处：

	冷　漠	冷　淡
1. 语义一（例1、2、3、4）：	语义重。	语义轻。
2. 语义二（例5）：	没有这个意思。	市场/生意不热闹。
3. 词性（例6）：	形容词。	形容词、动词。
4. 语体：	书面语。	口语、书面语。

【练习】

1. 最近股票市场很（　　），投资者入市一定要谨慎，必须有风险意识。
2. 自从那件事情以后，他就一直故意（　　）我，连微笑都那么勉强。
3. 他是个内心（　　）的人，对别人的痛苦视而不见，更不用说关心了。
4. 我很热情地跟他打招呼，但他只是（　　）地点点头就过去了。
5. 我希望我们每个人都多一点热情，少一点（　　），这样世界会更美好。

4. 举动——行动

◆ 相同之处：

	举　动　　行　动
1. 语义：	都有指人们做事时的动作的意思。
2. 词性：	都是名词。

◆ 相异之处：

	举　动	行　动
1. 语义（例1、2、3）：	指人。	指人或动物。
2. 词性（例4、5）：	名词。	名词、动词。
3. 句法成分（例6、7、8）：	常在有定语的情况下作主语或宾语，但一般不作定语。	可以作定语，但不作宾语。

【练习】

1. 金丝猴与其他猴类一样，喜欢攀援跳跃，（　　）十分敏捷。
2. 环保小组一成立，同学们就马上（　　）起来了。
3. 小刘的（　　）出乎所有人的意料，但大家还是对他表示了理解。
4. 他制定了一份详细的（　　）计划，这样参加的人心里就都有数了。

5. 确切——确实

◆ 相同之处：

	确切　　确实
1. 语义：	都有真实可靠的意思。有时候可以互换。
2. 词性：	都是形容词。

◆ 相异之处：

	确　切	确　实
1. 语义侧重点（例1、2、3）：	准确、恰当，没有差错。	真是可靠，没有虚假。
2. 词性（例4）：	形容词。	形容词、副词。
3. 搭配（例5、6、7、8、9）：	语言、文字、描写、评价、计算、数字。	消息、情况。
4. 重叠（例10、11）：	不能重叠。	确确实实。

【练习】

1. 这首诗(　　　)不是李白写的，我已经问过老师了。
2. 你能(　　　)地描述一下那个犯罪嫌疑人的外貌和穿戴吗？
3. 曝料人提供的信息是(　　　)的，明天的报纸可以采用。
4. 等(　　　)的数字出来以后，我们再做统计和分析。
5. 中国的书法艺术(　　　)可以说是中华传统文化中的瑰宝。

6. 最终——最后

◆ 相同之处：

	最　终　　最　后
1. 语义：	都有在所有别的之后的意思。
2. 词性：	都是名词，都可以做定语和状语。

◆ 相异之处：

	最　终	最　后
1. 语义一：	使用范围小。	使用范围大。
2. 语义二（例3、4、5、6）：	指在时间上和次序上在所有别的之后。	指在最后的时间。
3. 用法一（例7、8、9）：	没有这种用法。	可以做"在、到"的宾语或补语。
4. 用法二（例10、11）：	没有这种用法。	可以修饰"数+量+名"组成的词组。
5. 语体：	书面语。	口语、书面语。

【练习】

1. 经理每次都让我们先走，他自己总是（　　　）一个离开办公室。
2. 做菜的时候，盐、鸡精等调料要（　　　）放，这样有利于营养素的保持。
3. 虽然医生尽了最大的努力，但（　　　）还是没能挽回他的生命。
4. 他（　　　）没有得到妻子的原谅，不得不离开了家。
5. 因为天气寒冷，冬泳的人纷纷上岸了，只有他坚持到（　　　）。

肆　课文教学

一、课文教学说明(课文见教材 pp.29～33)

1. 关于文体：本文是一篇记叙文。

2. 关于内容：本文记叙了一个人与狗的故事。故事中的两个主要人物是作者的太爷爷和一条名叫小狮子的小狗。文章通过小狮子被太爷爷一次次抛弃，但每次都执着地、令人不可思议地找回家来，最终用自己的真诚感动了太爷爷的故事，表现了动物可贵的灵性和忠诚，同时也揭示了人性中所具有的自私和残忍的一面。在故事中，小狮子所表现出来的坚强、隐忍、善良、勇敢、坚韧和大度宽容足以让人类感到无地自容。

同时，这个故事在令人感动的基础上，也启发我们思考一些问题：动物到底有没有感情？人类应该怎样跟动物相处？动物的生命和感情是否值得尊重？对于千百年来动物为人类作出的贡献，我们是否应该怀有一份感恩之心？人与动物同属于这个地球，是相依相存的一个整体，人类善待动物,也等于善待了地球和自己。这篇文章所留给我们的,恐怕不仅仅是感动。

  3. 关于语言:本文的语言以叙述为主,平实而又清晰。随着故事的进展,作者的感情越来越强烈,文章中也随之而出现了一段充满激情的抒情文字,一系列感叹号的使用,把作者心底的感受毫无保留地宣泄了出来,使得文章的语言在平实中又加上了充沛的感情,具有感动人心的力量。

二、课文内容提问

1. 1950年,父亲家里的情况是怎么样的?(爷爷奶奶的情况、父亲和太爷爷的情况、父亲和太爷爷的关系等)
2. 小狮子是怎么来到父亲家的?它的到来引起了什么样的反响?
3. 太爷爷因为什么原因而开始厌恶小狮子?
4. 太爷爷采取了什么方法来对付小狮子?
5. 在失去小狮子后,年幼的父亲有什么表现?
6. 说一说小狮子第一次被扔后回到家里的情景。(怎么被发现、它的样子、见到太爷爷和家人时的表现、身体的变化等)
7. 爷爷为什么依然厌恶小狮子?这次他想怎么对付小狮子?
8. 在以后的日子里,小狮子经历了什么样的命运?(太爷爷开始对小狮子怎么样、什么时候又决定扔掉它、扔了几次、小狮子的表现等)
9. 1954年的夏天,小狮子又是怎样被扔掉的?
10. 这一次,小狮子又是在什么样的情况下与太爷爷和父亲见面的?
11. 据传达室的老人说,他是怎么发现小狮子的?
12. 作者对小狮子的命运有何看法?他为什么认为"不公平"?
13. 经过了这些事情,太爷爷对小狮子的态度有了什么样的变化?他们后来的关系怎么样?
14. 你对小狮子最后的命运有何评论?

三、教学活动建议

1. 提前布置学生回去准备,在课堂上用PPT的形式介绍家里的宠物。
2. 分组讨论,一组一个问题,然后进行总结:
  A. 在贵国,人们喜欢养什么样的宠物?有些什么保护动物的法律?
  B. 对人类来说,动物的重要性表现在什么地方?
  C. 动物有感情吗?人类应该用什么样的态度和动物相处?
  D. 现在世界上有很多保护动物的组织,你对此有什么看法?

3. 观看《导盲犬小Q》或《10个约定》等与动物有关的电影,全班一起谈谈感受。

伍 参考答案

一、词语辨析补充练习(见使用手册pp.29～33)参考答案

1. 最为——最
   ① 最、最　② 最　③ 最　④ 最/最为　⑤ 最

2. 稀罕——稀奇
   ① 稀罕　② 稀奇　③ 稀罕/稀奇　④ 稀罕/稀奇　⑤ 稀罕

3. 冷漠——冷淡
   ① 冷淡　② 冷淡　③ 冷漠　④ 冷淡　⑤ 冷漠

4. 举动——行动
   ① 行动　② 行动　③ 举动　④ 行动

5. 确切——确实
   ① 确实　② 确切　③ 确实　④ 确切　⑤ 确实

6. 最终——最后
   ① 最后　② 最后　③ 最终、最后　④ 最终　⑤ 最后

二、语言点练习(见教材pp.46～50)参考答案

1. 于

   【练习】选用或参考上面的例子,用"于"完成句子

   (1) 这次大赛分组的结果对A对有利。

   (2) 你应该继续努力,<u>不要满足于现有的成绩</u>。

   (3) 对待别人要宽容,<u>不要苛求于别人</u>。

   (4) 这条黑色的连衣裙适用于各种场合,利用率极高。

   (5) 刚到<u>中国</u>的时候,我什么都不知道,很多事情都有求于人。

2. 日渐

   【练习】用"日渐"完成句子

   (1) 来中国以后,我的汉语水平<u>日渐进步</u>。

   (2) 他得了癌症以后,<u>身体日渐消瘦,看起来越来越虚弱了</u>。

(3) 我长大了,可是父母却日渐衰老。
(4) 战争期间,人口日渐减少,很多人失去了生命。
(5) 随着时间的流逝,我和同学们的关系也日渐密切了。

3. 任凭

【练习】用"任凭"完成句子
(1) 父亲对我说:"去不去中国留学,任凭你自己,我不干涉。"
(2) 他对警察说:"这件事如何处理,任凭你们决定。"
(3) 任凭老师怎么提醒,他还是天天迟到。
(4) 任凭以后会有什么困难,我也决不放弃。

4. 越发

【练习】用"越发"完成下面的句子
(1) 结婚以后,他们俩的感情越发亲密了。
(2) 有了一次成功的经验以后,他越发充满自信了。
(3) 那朵红玫瑰在绿叶的衬托下,显得越发娇艳可爱。
(4) 几年不见,她看起来越发年轻了。

5. 上

【练习】用"动词+(不)上+数量词语"完成句子
(1) 下次回国,我打算买上两斤中国茶叶带回去。
(2) 这次日程安排紧张,没时间聊,下次一定要聊上一夜。
(3) 听说蒙古人爱喝酒,客人们一进蒙古包,就得喝上一杯。
(4) 这座山真陡,爬上半个小时就累得不行了。
(5) 这部电影很无趣,我敢肯定你看不上半小时就得离开。

6. 生怕

【练习】用"生怕"完成句子
(1) 负责人把名单又检查了一遍,生怕有错误。
(2) 她从不吃马路边小吃摊上的东西,生怕影响健康。
(3) 她反复向客人说明情况,生怕客人不明白。
(4) 生怕别人看不起自己,他总是假装很有钱。
(5) 她生怕晚回家爸爸妈妈会担心,所以先走了。

7. 抑或

【练习】用"抑或"完成句子

(1) 作为领导,表扬下属,抑或批评下属,都要有事实根据。

(2) 一个人练书法,一个人品茶,抑或一个人听音乐,他都能感受到独处的乐趣。

(3) 无论这幅画是成熟的,抑或是幼稚的,我都会买回去挂在墙上。

(4) 不管在学校,还是在机关,抑或在公司,他工作起来都是很让人放心的。

三、部分"综合练习"(见教材 pp.51～56)参考答案

I 词语练习

一、填入合适的名词

宠爱(儿女)　　轰动(全国)　　拥有(资源)

畏惧(困难)　　防备(小偷)　　承受(压力)

娇小的(女孩)　　粗壮的(大树)　　破损的(房子)

鲜红的(花朵)　　纵横的(铁道)　　冷漠的(表情)

二、填入合适的动词

(越过)沟壑　　(写/贴)对联　　(留下)伤痕

(跨越)天堑　　(打/开)手电　　(停止)举动

三、选择合适的动词填空

1. 携　　2. 卡、叩、吠　　3. 蹲、扒　　4. 飘荡、焕发

5. 徘徊、情愿　　6. 相间、衬托　　7. 淡忘　　8. 纵横

9. 较劲、摆布　　10. 交加、蜷缩、呜咽、归罪

四、写出下列词语的近义词或反义词

(一) 写出近义词

稀罕——稀奇　　思忖——思考/思索

逾越——超越/跨越　　畏惧——害怕

防备——预防　　越发——更加

(二) 写出反义词

雌性——雄性　　破损——完好

憎恨——热爱/喜爱　　惩罚——奖励

冷漠——热情　　倔犟——温和/随和/柔顺

五、选词填空

1. 最　　2. 最为　　3. 稀奇　　4. 稀罕
5. 冷漠　　6. 冷淡　　7. 行动　　8. 举动/行动
9. 冷淡　　10. 确切　　11. 确实

六、解释句中画线词语的意思

1. A　　2. A　　3. A　　4. C　　5. B
6. C　　7. B　　8. A　　9. A

七、选择正确的答案

1. C　　2. A　　3. B　　4. C.　　5. C　　6. A　　7. B
8. C　　9. A　　10. B　　11. A　　12. C　　13. A

八、在每个空格中填入一个合适的汉字

1. 小　2. 刹　3. 天　4. 执　5. 灵　6. 确　7. 痕

九、选词填空，并模仿其中的5个句子造句

1. 闷闷不乐　　2. 奔走相告　　3. 接二连三　　4. 风驰电掣
5. 轻车熟路　　6. 相依为命　　7. 鬼使神差　　8. 活蹦乱跳
9. 东奔西走　　10. 绝无仅有

Ⅱ 课文理解练习

1. √　　2. ×　　3. ×　　4. √　　5. ×
6. ×　　7. √　　8. √　　9. ×　　10. ×

四、部分"阅读与理解"（见教材 p.59）**参考答案**

(一) 根据文章内容判断正误

1. A　　2. A　　3. C　　4. C　　5. A　　6. A

陆　文化知识点补充说明

汉语中关于狗的词语

中国最早的字典《说文解字》收"犬"旁字85个，"牛"旁字48个，"马"旁字116个，而到《现代汉语词典》，"犬"旁字101个，"牛"旁字33个，"马"旁字79个。从构字多少的历史变化看，跟其他动物比起来,"狗"在中国人心目中的地位是非同一般的。

另外,有不少表示动物名称的字,都是反"犬"旁。如:狮、猫、猪、狼、狈、狐狸、猿猴。可见,在中国人的观念里,狗成了各类动物的代表。在从古至今的各类文字记载中,爱狗的故事也非常多,狗还是十二生肖之一。

但是,在汉语中,由"狗"或"犬"构成的词语,大多数是贬义词。主要有以下几类:

1. 以狗比喻人:

   巴(叭)儿狗,也叫哈巴狗:比喻听话顺从的奴仆。

   疯狗:常用来比喻丧失良心、疯狂残害别人的人。

   癞皮狗:比喻卑鄙无耻的人。

   落水狗:比喻失势的坏人。常说"痛打落水狗"。

   走狗:本指猎狗,现在用来比喻受人豢养,帮人做坏事的人。

2. 狗身体各部位构成的词语或俗语:

   狗头军师:在背后出馊主意而不能成事的人。

   狗眼看人低:用来骂看不起别人的人。

   狗嘴里吐不出象牙:比喻坏人嘴里说不出好话来。

   狗腿子:给有势力的坏人奔走帮凶的人。

   狗皮膏药:本是一种涂在小块狗皮上的膏药,疗效特好,但过去常有走江湖的人用假的来骗钱,所以现在常比喻那些说得好听,实际上是骗人的东西。

   狗胆包天:比喻胆大妄为。

   狗血喷头:也说"狗血淋头"。传说把狗血喷在妖人的头上,能破除他的妖术。现在用来形容骂人骂得凶,让人很难堪。例如:她又气又急,把儿子骂了个～。

   狗屁不通:形容话或文章极不通顺。

   狗仔队:指专门打探名人隐私的无聊记者。

3. "狗"加在其他词语前面：

狗官：骂作恶的官僚。

狗男女：骂人话。指在一起做坏事的男女。

狗东西：骂人话。一般不要说。指不是人。

狗窝：很乱的屋子。俗话也说：金窝银窝，不如自己的狗窝。

4. 跟狗习性相关的成语或俗语：

狗咬狗：比喻恶人或恶势力间的相互争斗。

狗急跳墙：比喻走投无路时，不顾一切干坏事。

狗拿耗子——多管闲事！

摇尾乞怜：狗摇着尾巴乞求爱怜。比喻人卑躬屈膝、谄媚讨好的丑态。

5. 跟其他动物或人并提的语词：

狼心狗肺：比喻心肠狠毒、贪婪。

狐朋狗友：在一起不做正经事的朋友。也说"狐群狗党"。

蝇营狗苟：像苍蝇一样到处钻营，像狗一样苟且求活。比喻为追求名利，不顾廉耻，不择手段。

犬马之劳：为主子或他人尽力的谦辞。

鸡鸣狗盗：学雄鸡啼明，装狗进行偷窃。形容行为低下卑劣。

偷鸡摸狗：指小偷小摸，也指男人背着自己的配偶乱搞男女关系。

鸡飞狗跳：形容惊慌、忙乱的样子。

鸡犬不宁：鸡和狗都得不到安宁，形容很闹、很乱。

鸡犬升天：比喻依附于有权势的家人、亲友而得势。

人模狗样：形容人品、作风不怎么好的人也打扮得很像样子。

狗仗人势：比喻奴才、走狗倚仗主子的势力。

狗不嫌家贫，儿不嫌母丑：说狗不会因主人家贫而背弃。常用来形容忠心或孝心。

6. 跟吃有关的俗语：

挂羊头，卖狗肉：比喻用好的名声，卖假货色，或表面上说得好听，装得好看，背地里却做坏事。

狗不理：中国著名的老字号狗不理包子铺，清咸丰八年(1858)创建于津门,堪称天津食品一绝。得名于创建者高贵友乳名。

肉包子打狗——有去无回。

7. 跟外来新事物有关的词语:

热狗:hotdog,一种食品。

酷狗音乐:KuGoo,网站名。

古狗:Google,网站名,中文名现改为谷歌。

摘自张雁:《汉语中的"狗"》
(《中国语言文化讲座》第一册,北京大学出版社)

第三课　人在风中

 壹　背景材料

一、刘心武,1942年出生于四川省成都市,1950年后定居北京。曾当过中学教师、出版社编辑、《人民文学》杂志主编。

二、1977年11月,刘心武发表短篇小说《班主任》,被认为是"伤痕文学"代表作,引起很大轰动,从此走上文坛。

三、刘心武短篇小说代表作还有《我爱每一片绿叶》、《黑墙》、《白牙》等;中篇小说代表作有《如意》、《立体交叉桥》、《小墩子》等。长篇小说有《钟鼓楼》、《四牌楼》、《栖凤楼》、《风过耳》、《树与林同在》等。1992年后,刘心武在报刊上发表了大量文笔隽永、含义深远的随笔,结为多种集子。

四、刘心武从1993年开始发表研究《红楼梦》的论文,并在中央电视台"百家讲坛"栏目播讲。他对《红楼梦》的研究自成一家,很有影响。

五、刘心武的作品以关注现实为主要特征。他对生活有敏锐细致的感受,并善于作理性的分析和宏观把握,写出了不少对社会和人生进行深入思考的作品,作风严谨,意蕴深厚。可以说,他的作品是中国改革开放以来社会发展的真实写照。

六、刘心武的作品多次获奖。如短篇小说《班主任》获1978年全国首届优秀短篇小说奖第一名。长篇小说《钟鼓楼》获第二届茅盾文学奖;此外短篇小说《我爱每一片绿叶》和儿童文学《看不见的朋友》、《我可不怕十三岁》都曾获全国性奖项;长篇小说《四牌楼》还曾获得第二届上海优秀长篇小说大奖。

七、1993年,《刘心武文集》(8卷)出版。他的很多作品被译为法、日、英、德、俄、意、韩、瑞典、捷克、希伯来等文字发表、出版。

贰　教学目标与步骤

一、教学目标

语　言	内　容	文　化
1. 理解并运用本课的重点词语（见"重点词语讲解"）。 2. 掌握词语辨析： 　（1）清纯—纯洁 　（2）乃至—甚至 　（3）体验—体味 　（4）体验—体会 　（5）羞涩—羞怯 　（6）风行—流行 　（7）夸张—夸大 3. 掌握语言点： 　（1）颇 　（2）就算……，也…… 　（3）多多 　（4）动词＋不来 　（5）（八）成＋形容词 　（6）就此 　（7）无可	1. 朗读并理解课文，根据老师的问题复述课文的内容。 2. 分析文章中两位少女的相同和不同之处。 3. 思考两位少女和老前辈的表现给了作者什么样的启迪？ 4. 理解作者在文章中所表达的对时尚的看法，并思考他说得有没有道理。 5. 思考自己在时尚之风中应该采取的行为和态度。 6. 讨论对目前的一些时尚之风的看法。	1. 了解 1949 年以来中国历史上发生的重大事件及其对社会生活的影响。 2. 了解目前中国社会的流行之风，并与自己国家近年来的流行之风进行比较、分析。

二、教学步骤

1. 导入。介绍课文内容及背景。
2. 词语 1～46。词语辨析 1～4。
3. 第一部分课文(到"说感谢我对她的爱护")。注释 1～4。语言点 1～4。
4. 词语 47～98。词语辨析 5～7。
5. 第二部分课文(到"没有就此吱声")。注释 5～6。语言点 5～6。
6. 词语 99～129。

7. 第三部分课文。语言点 7。
8. 做"综合练习"。
9. 阅读与理解。

三、建议课时：8～9 课时。

 叁　词语教学

一、重点词语讲解（见教材 pp.63～68）

(2) 妙龄
  A. 常用搭配：～少女、～女郎、正当～。
  B. 只指女性。

(6) 泛起
  A. 出现颜色、味道或表情：脸上～红色、～微笑、～笑容、～香味。
  B. 心里产生某种感觉：～追思和惆怅、～感激之情、～尊敬之情、～一阵寂寞、～一股爱意、～深深的同情。

(7) 追思
  A. ～＋名词：～古人、～故人、～往事、～逝去的亲人、～过去的岁月。
  B. 近义词：追忆、回忆。

(8) 惆怅
  A. ～的＋名词：～的心情、～的情绪、～的思绪、～的表情、～的眼神、～的脸色、～的目光、～的样子。
  B. ～地＋动词：～地说、～地望着、～地坐着、～地躺着、～地感叹。
  C. 近义词：怅然。

(11) 发型
  量词：一种～、一款～。

(13) 触目惊心
　　A. 作谓语：一场强烈的地震过后，呈现在人们眼前的景象～。
　　B. 作定语：～的车祸现场让所有的人都为之震惊。
　　C. 近义词：惊心动魄。

(14) 征集
　　A. ～＋名词：～文章、～稿件、～广告词、～意见、～资料、～作品、～图案、～签名、～物资、～捐款、～志愿者、～劳动力、～新兵、～人员。
　　B. 近义词：搜集、征求。

(15) 文集
　　数量词＋～：一本～、一册～、一部～、一套～、一卷～。

(17) 得体
　　A. ～的＋名词：～的话、～的语言、～的语气、～的词汇、～的行为、～的动作、～的举止、～的称呼。
　　B. 近义词：恰当、适当、妥当；反义词：失当、欠妥。

(18) 推敲
　　A. 关于"推敲"的故事：有一次，唐代诗人贾岛骑着驴吟诗："鸟宿池边树，僧敲月下门。"其中的"敲"字，开始写的是"推"，他不能确定哪个更好，所以骑在驴上做敲和推的动作。因为太专心而撞上了著名诗人韩愈的车队，韩愈问清缘故，思考了半天，认为用"敲"字比较好。后来"推敲"一词就用来比喻斟酌字句，反复琢磨。
　　B. ～＋名词：～词语、～字句、～文章、～计划、～法律、～内容、～问题。
　　C. 动词＋～：值得～、需要～、经得起～、经不起～、继续～。
　　D. 副词＋(地)＋～：反复～、再三～、慢慢～、好好～、仔细地～、认真地～、细细地～。
　　E. 近义词：斟酌、琢磨、思考、考虑。

(23) 别扭
　　A. 不顺心；难对付：～的人、～的性格、～的脾气、～的天气、～的地方、～的感觉、～的表情、～的心情。
反义词:顺心。
B. 不通顺;不流畅:～的话、～的语言、～的句子、～的词语、～的名称、～的称呼。
近义词:生硬;反义词:通顺、流畅、流利。
C. 意见不相投:闹～、两个人的关系别别扭扭的。
反义词:融洽、投机。

(24) 借题发挥
A. 作谓语:开会时他常常～。他借这个机会～,说出了自己的看法。
B. 作宾语:老刘这个人非常善于～。他又开始～了。
C. 近义词:拐弯抹角;反义词:直言不讳、直截了当。

(27) 时尚
A. 名词,流行的风尚:经商是现在的～。不合～、一种～。
B. 形容词,符合时尚的:这种发型很～。
～杂志、～女孩、～运动、～的人、～的生活、～的服装、～的思想、～的发型、～的样式。
C. 近义词:时髦;反义词:过时、陈旧、落伍。

(30) 免不了
A. 带谓词性宾语:～迟到、～出错、～吵架、～生病、～失败、～发生矛盾、～遇到困难、～受到批评、～产生问题、～伤心、～难过、～衰老。
B. 近义词:难免、不免。

(31) 出神
A. 作谓语:他站在窗口～。你别在那里～了,赶快走吧。
B. 作状语:～地看、～地听、～地思考。
他～地看着窗外。 他～地望着那张墙上的画。
C. 可以分开:孩子们听得出了神。他坐在那里出了半天神。
D. 近义词:入神、发呆。

(38) 跻身
　　A. ~＋名词(结构):~前列、~文坛、~乐坛、~世界强国、~国际市场、~前三名、~优秀运动员之列。
　　B. ~于……:~于名牌产品的行列、~于畅销书作家之列、~于体育强国之林。

(39) 竭诚
　　A. ~(地)＋动词:~支持、~拥护、~服务、~帮助、~欢迎。
　　B. 近义词:真诚、热诚。

(42) 品尝
　　A. 仔细辨别(滋味):~味道、~食品、~菜肴、~美酒、~水果、~新茶。
　　B. 比喻感受:~生活的滋味、~爱情的感觉、~家庭生活的甜蜜。
　　C. 近义词:品味。

(43) 轻微
　　A. ~的＋名词:~的响声、~的声音、~的味道、~的损失、~的创伤、~的错误、~的罪行、~的破坏、~的损害、~的损坏、~的震动、~的动作、~的病痛、~的疼痛。
　　B. 近义词:细微、微小;反义词:沉重、严重。

(46) 底线
　　A. 篮球等运动场地两端的界线:球被打出了~。
　　B. 最低的条件;最低的限度:道德~、行为~、价格~、心理~、谈判~、可以接受的~。

(51) 透亮
　　A. 明白:心里~。
　　　 近义词:明白、清楚;反义词:糊涂。
　　B. 透明、明亮:玻璃擦得~。湖里的水清澈~。房间又宽大又~。
　　　 近义词:透明、明亮;反义词:浑浊、暗淡。

(53) 启示
　　A. 动词：～我们、～大家、～学生。
　　B. 名词：这件事情给了我们一个～。
　　　　受到～、得到～、获得～、深受～。
　　C. 近义词：启迪。

(60) 容下
　　A. 容纳；包含：这间屋子可以～30人。这个书包能～10本书。
　　　　近义词：容纳、装下。
　　B. 宽容；原谅：太爷爷容不下小狮子。
　　　　他心里能够～这个跟自己没有关系的孩子。
　　　　近义词：容纳、接受。

(65) 见证
　　A. 动词：～历史、～变化、～现场、～事实、～情况、～罪行。
　　B. 名词：这件文物是历史的～。这个烟头就是犯罪的～。
　　C. 近义词：证明。

(66) 沐浴
　　A. 洗澡：孩子正在～。
　　B. 比喻沉浸在某种环境或气氛、情绪之中：～着阳光；～在阳光下；
　　　　～着父母的爱；～在爱情之中；～着社会的关爱。
　　C. 用于比喻时是褒义词。

(70) 九牛二虎之力
　　A. 作宾语：花了～、费了～、用了～。
　　B. 反义词：吹灰之力、举手之劳。

(76) 强劲
　　A. ～的＋名词：～的风、～的对手、～的马力、～的动力、～的势头、
　　　　～的趋势、～的实力。
　　B. ～＋动词：～反弹、～升高、～发展、～对抗。
　　C. 近义词：强力；反义词：柔弱、微弱。

(78) 置身于
  A. 置身＋名词：～其中、～事外、～其间、～现实之中。
  B. 置身于：～……之中、～……之间、～……之外、～……环境中、～……地方。
  每个人都～现实之中。
  ～山水之间,让人心旷神怡。
  你也是家庭的一员,不能～父母的矛盾之外。
  ～优美的环境中,大家都觉得非常舒畅。
  ～农村,你会有跟在城市完全不同的感觉。

(81) 昂奋
  A. ～的＋名词：～的精神、～的心情、～的情绪、～的状态、～的表情。
  B. 近义词：高昂、昂扬；反义词：低沉、消沉。

(83) 沉浸
  A. 浸入水中：全身～在水里。
  B. 比喻处于某种境界或思绪中：～于幸福中；～在冥思苦想中。

(84) 溢美之词
  A. 作主语：广告里的～太多了。
  B. 作宾语：他们夸奖我时,说了很多～。说了半天,全是～。

(88) 大摇大摆
  A. 作谓语：老张走起路来～。小孩走路别～的。
  B. 作定语：看他那～的样子,好像很得意啊。
  C. 作状语：老张～地走了过来。
  D. 反义词：缩头缩脑。

(93) 凸现
  A. ～出(来)：这种颜色～出商品的特点。这首诗把诗人的感情～出来了。
  B. 近义词：显现、表现、凸显。

(96) 浮现
　　A. 过去的事情在脑子里显现：往事～在眼前；当时的情景在脑海中～。
　　B. 呈现；显露：脸上～出笑容；脸上～出微笑；脸上～出焦急的神色。
　　C. 近义词：显现、呈现、出现、显露。

(99) 抗拒
　　A. ～＋名词：～父母、～领导、～侵略者、～命令、～规定、～法律。
　　B. ～＋动词：～侵略、～检查、～管理、～管教、～调查、～改革、～安排。
　　C. 近义词：抵抗、抵制；反义词：顺从、服从。

(103) 凝固
　　A. 由液体变成固体：水～、血～、油～、水泥～、蛋白质～。
　　　近义词：凝结；反义词：融化。
　　B. 比喻固定不变：气氛～、空气～、思想～、目光～。
　　　近义词：固定；反义词：变动、流动。

(104) 多变
　　A. 名词＋～：天气～、情况～、市场～、形势～、心情～、感情～、想法～。
　　B. 反义词：稳定、稳固、固定。

(105) 预料
　　A. 作谓语：他～这次考试一定会成功。生产厂家～这种新产品一定会畅销。
　　B. ～到……：大家都～到了这种情况。我～到小王这次一定能考出好成绩。
　　C. 近义词：预见、料想、推测。

(106) 降临
　　A. ～＋名词：～人世、～大地、～人间、～世界、～中国、～我家。
　　B. 名词＋～：夜色～、大雨(风、雪)～、好事～、灾难～、幸福～、神仙～、运气～。
C. ～到……：这个难得的机会～到了他的身上。一场大雪～到这个城市。
D. 近义词：来临、来到。

(109) 相当于
A. 固定结构，表示两边的情况差不多、一样：
1 斤～500 克。 10 岁孩子的身高已经～成年人了。
B. 扩展：相当。
(a) 动词，两方面差不多：年貌～、身高～、条件～、实力～、数量～、规模～、水平～、成绩～、速度～、价值～、学历。
(b) 形容词，合适：他干这个工作很～。目前还没有找到～的人。
(c) 副词，表示程度高：～好、～高、～难、～干净、～顺利、～辛苦。

(110) 效应
A. 常用搭配：社会～、名人～、轰动～、化学～。
B. 动词＋～：有～、引起～、产生～、重视～、追求～、得到～、获得～。
C. 近义词：效果。

(112) 诡谲
A. ～的＋名词：～的表情、～的神情、～的眼神、～的样子、～的言词、～的话语、～的思路、～的想法、～的行为、～的举动。
B. 近义词：怪异、奇异；反义词：正常、普通。

(118) 有助于
A. 固定结构，后面常跟谓词性词语或词组：运动～健康；喝水～消化；爬楼～减肥；休息～康复；多练习～提高水平；养动物～放松心情。
B. 近义词：有利于；反义词：无助于。

(119) 提升
A. ～＋名词：～职位、～职称、～职务、～地位、～级别、～水平、～兴趣、~素质、~质量、~产量、~责任心、~档次、~程度。

B. 副词/形容词＋~：慢慢~、快速~、逐渐~、马上~、不断~、反复~、大大~。

C. 近义词：提高、上升；反义词：降低、下降。

(121) 良性

A. 能产生好结果的：~循环、~互动、~发展、~经营。

B. 不能受程度副词的修饰。

C. 反义词：恶性。

(122) 宣泄

A. 指使水流出：让洪水向外~；~水流；水流~而出；低处的洪水无法~。

B. 舒散；吐露：~感情、~情绪、~怒气、~怒火、~怨气、~郁闷、~不平、~不满。

C. 近义词：发泄；反义词：隐藏、郁积。

(127) 底层

A. 最下面的一层：大楼的~、柜子的~、书柜的~。

B. 社会、组织等地位最低的阶层：社会的~、公司的~。

二、词语辨析部分(见教材 pp.69～74)的异同归纳及补充练习

1. 清纯——纯洁

◆ 相同之处：

	清纯　　纯洁
1. 语义（例1）：	都是褒义词，都常常被用来形容年轻的女性。
2. 词性：	都是形容词。

◆ 相异之处：

有差异的方面	清 纯	纯 洁
1. 语义侧重点：	表现外貌的清秀单纯。	表现内心和感情的纯粹。
2. 使用范围（例2、3）：	指人时范围小,只指孩子或年轻女性。也可以形容水、空气等。	指人时范围大,不限于孩子和年轻女性。
3. 词性（例4、5）：	形容词。	形容词、动词。

【练习】

1. 一个(　　　)的女孩飘然而至,一下子吸引了大家的目光。
2. (　　　)的爱情是每个人都向往和追求的。
3. 这个位于青藏高原上的湖泊水质(　　　),空气新鲜,宛若仙境。
4. 完善的法律可以起到(　　　)社会、(　　　)市场的作用。

2. 乃至——甚至

◆ 相同之处：

	乃 至　　甚 至
1. 语义：	都表示递进的关系,表示需要突出、强调的事例或进一层的意思。
2. 词性：	都是连词。

◆ 相异之处：

有差异的方面	乃 至	甚 至
1. 语义（例1、2）：	侧重于表示一种延伸。	侧重于指出极端情况。
2. 词性（例3、4）：	连词。	连词、副词。
3. 搭配（例5、6）：	没有这种用法。	甚而至于；甚至连……
4. 语体：	书面语。	口语、书面语。

【练习】

1. 这块大石头足有300公斤,(　　　)连四五个小伙子也搬不动。
2. 要经过长期的(　　　)艰苦的训练才能成为一个高水平的同声翻译。
3. 我们这里不但大人,(　　　)连六七岁的小孩都会游泳。
4. 得了一场大病之后,他瘦多了,(　　　)有的人都说他变样了。

5. 与2008年奥运会有关的很多东西都包含有中国元素,(　　　)连运动员的奖牌也不例外。

3. 体验——体味

◆ 相同之处：

	体　验　　体　味
1. 语义（例1、2）：	都有通过亲身的感受去了解、认识事物的意思。
2. 词性：	都是动词。

◆ 相异之处：

有差异的方面	体　验	体　味
1. 语义侧重点：	在实践中从感性上认识事物。	反复琢磨语言文字中的深切意味或情趣。
2. 对象（例3、4、5）：	生活、现实、现象。	语言文字的意味、人的情意、事物的趣味。
3. 词性（例6、7）：	动词、名词。	动词。

【练习】

1. 在中国留学的一年中,我亲身(　　　)到了丰富的中国文化的魅力。
2. 每一种音乐当中的内涵和情趣需要我们慢慢(　　　)才能感悟到。
3. 文章中所写的都是我的亲身(　　　),没有丝毫的编造。
4. 他反复吟诵着李白的这首诗,细细(　　　)着诗中的深意。
5. 他凭着自己对农村生活的丰富(　　　),创作了一系列反映农民生活的作品。

4. 体验——体会

◆ 相同之处：

	体　验　　体　会
1. 语义（例1、2）：	都有感受、了解、认识客观事物的意思。
2. 词性：	都是动词。

◆ 相异之处：

有差异的方面	体　验	体　会
1. 语义侧重点（例3、4）：	表现感性认识。	表现理性认识。
2. 范围（例5）：	范围小，可以换成"体会"。	范围大，有的地方不能换成"体验"。

【练习】

1. 周末我们去后海的酒吧街，(　　　)了一把北京的夜生活。
2. 通过跟来自世界各国的同学们的交往，我深深(　　　)到人与人之间的互相理解必须建立在交流和沟通的基础之上。
3. 父母这样说必定有他们的道理，你应该多多(　　　)他们的心情。
4. 他说话喜欢拐弯抹角，听的人必须仔细(　　　)才能明白他的真正意思。
5. 古代思想家的很多至理名言值得我们反复(　　　)。

5. 羞涩——羞怯

◆ 相同之处：

	羞　涩　　羞　怯
1. 语义（例1、2）：	都有难为情、不好意思的意思。
2. 词性：	都是形容词。都不能重叠。

◆ 相异之处：

有差异的方面	羞　涩	羞　怯
1. 语义一（例1、2）：	没有这个意思。	有"胆怯"的意思。
2. 语义二（例3）：	有贫穷没钱的意思。	没有这个意思。

【练习】

1. 这个胆小的孩子每次上课发言都显得非常(　　　)。
2. 当别人问她有没有男朋友时，一抹(　　　)的红晕出现在她脸上。
3. 小李的父母囊中(　　　)，实在无力供他继续深造了。
4. 婚礼上，当主持人问她愿意不愿意嫁给她的丈夫时，她(　　　)地点了点头。
5. 当女朋友看上一款昂贵的项链时，小李不得不直言相告："实在不好意思，最近我囊中(　　　)，等我有了钱再给你买吧。"

6. 风行——流行

◆ 相同之处：

	风行　　流行
1. 语义：	都有盛行一时的意思。
2. 词性：	都是动词。

◆ 相异之处：

有差异的方面	风　行	流　行
1. 语义的轻重（例1、2）：	稍重。	稍轻。
2. 搭配（例3、4）：	只能带表示处所的宾语。	还可以带表示流行对象的宾语。

【练习】

1. 近年来，保护环境的思想(　　　)全世界，成为一种潮流。
2. 听说今年冬天(　　　)紫色，我打算去买一件紫色的羽绒服。
3. 这首歌是通过网络(　　　)起来的。
4. (　　　)的事物常常会昙花一现，很快从人们的记忆中消失。
5. "你太有才了"，这是某一年春节晚会后社会上的(　　　)语。
6. 这是今年的(　　　)款式，追赶时尚的人们都忍不住掏钱购买。

7. 夸张——夸大

◆ 相同之处：

	夸　张　　夸　大
1. 语义（例1、2）：	都有把事情说得超过原有程度的意思。
2. 词性：	都是动词。

◆ 相异之处：

有差异的方面	夸　张	夸　大
1. 语义（例3）：	是一种修辞方式的名称。	没有这个意思。
2. 搭配（例4、5）：	不能带宾语。	可以带宾语。
3. 词性（例6、7）：	动词、形容词。	动词。

【练习】

1. 作者在作品中不止一次地采用了(　　　)的艺术手法，给人留下了深刻的印象。

2. 这篇报道中（　　　　）了某些事实,以致造成了非常严重的后果。

3. 你说的话太（　　　　）了吧,事情根本不像你说的那么严重。

4. 在北京,扭秧歌的老人常常穿着大红大绿的衣服,抹着红脸蛋,看起来样子有些（　　　　）。

5. 不要（　　　　）自己的优点,也不要（　　　　）别人的缺点,还是实事求是比较好。

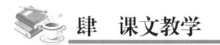

肆　课文教学

一、课文教学说明(课文见教材 pp.60～62)

1. 关于文体:本文是一篇夹叙夹议的散文。

2. 关于内容:本文的题目非常精彩,含蓄而又富有诗意,同时也非常准确地表现了文章的中心内容,很有吸引力。文章开门见山,从两位妙龄少女不同的穿着打扮和思想境界入手,客观地反映出当代年轻人多元化的思想观念和生活方式,并引发对如何看待时尚之风的思考。作者采取换位思考的方法,回忆了自己年轻时面对时尚之风的态度和表现,字里行间传达出对年轻人追赶时尚的宽容和理解。文章的最后一段,作者从感性认识上升到理性认识,分析了"风"的种类和我们在不同的"风"中应该采取的不同的态度,是对文章的概括和总结。更为可贵的是,作者对自己的思想和行为作出了冷静的反思,虽然简洁,但却真诚深入,表现了一个作家对社会、对人生的高度责任感。

另外值得一提的是,课文中的"老前辈"虽然只在三处被简短地提及,但他对待时尚之风所采取的态度和行为恰恰是很值得我们深思和学习的。

3. 关于语言:本文以叙述开端,语言清晰流畅,节奏比较缓和。其中不乏词语的精彩活用和作者特有的幽默感,同时也包含着深入的哲理思考。在文章的后半部分,作者用了一系列的排比句来总结风的特点和"人在风中"应有态度,节奏加快,起到了加强语气的作用。长句、短句的交叉运用和形容词的丰富准确使得文章的内容得到了很好的表达。

二、课文内容提问

1. 第一位"飘然而至"的少女是一位什么样的女孩？（她与作者的关系、她的装束、她来的目的、她的谈吐等）

2. 与第一位少女谈话,作者为什么会感到越来越别扭?
3. 作者为什么要"借题发挥"? 他是如何"借题发挥"的?
4. 作者本来想"三娘教子",怎么会变成了"子教三娘"?
5. 第二位"飘然而至"的少女与第一位少女有什么不同之处(她的打扮、想法等)?
6. 作者是如何劝告第二位女孩的?
7. 两位少女在外貌和思想上表现出什么反差?
8. 作者为什么不遗弃那条40年前的毛蓝布的旧裤子?
9. 那条军绿裤对作者来说有什么特别的意义?
10. 20年前的那两条喇叭裤使作者回忆起了什么?
11. 作者在文章中举出了两位妙龄少女的表现,也回忆了自己年轻时在"风"中的行为,目的是想说明什么?
12. 作者认为"风"有些什么特点? 人应该怎样对待"风"?
13. 作者认为人什么时候应该顺风而行?
14. 根据课文内容,总结一下作者认为人什么时候应该逆风而抗?
15. 除了好风和恶风以外,还有第三种"风"吗? 应该如何对待它?
16. 文章最后说:"无论前辈,还是妙龄青年,他们对风的态度,都有值得我一再深思体味的地方。"你是如何理解这句话的?

三、教学活动建议

1. 布置学生上网查关于作者刘心武的资料,上课时报告,老师作出总结。
2. 调查五个中国人和五个外国人,了解目前在中国或其他国家的流行事物,并报告、交流。
3. 分组讨论,一组一个问题,然后进行总结:
   A. 时尚有好坏之分吗? 为什么?
   B. 应该如何看待人们追赶时尚的行为?
   C. 如何看待时尚与个性之间的关系?
   D. 你自己是一个追求时尚的人吗? 你为什么这样做呢?

伍　参考答案

一、词语辨析补充练习(见使用手册pp.52～57)参考答案

1. 清纯——纯洁
   ① 清纯　　② 纯洁　　③ 清纯　　④ 纯洁、纯洁

2. 乃至——甚至
   ① 甚至　　② 乃至　　③ 甚至　　④ 甚至　　⑤ 甚至

3. 体验——体味
   ① 体验　　② 体味　　③ 体验　　④ 体味　　⑤ 体验

4. 体验——体会
   ① 体验　　② 体会　　③ 体会　　④ 体会　　⑤ 体会

5. 羞涩——羞怯
   ① 羞怯　　② 羞涩　　③ 羞涩　　④ 羞涩　　⑤ 羞涩

6. 风行——流行
   ① 风行　　② 流行　　③ 风行、流行　　④ 流行　　⑤ 流行
   ⑥ 流行

7. 夸张——夸大
   ① 夸张　　② 夸大　　③ 夸张　　④ 夸张　　⑤ 夸大、夸大

二、语言点练习(见教材pp.74～78)参考答案

1. 颇

   【练习】用"颇"或"颇为"完成下面的对话：

   (1) A：请你谈谈小时候学习乐器的体会,好吗？
       B：我觉得小时候学一两样乐器对一个人的成长颇有好处。

   (2) A：你对这部最新上映的电影有什么看法？
       B：内容颇有意思,值得一看。

   (3) A：请你给我介绍一下这款新手机都有些什么功能？
       B：功能颇多。除了可以打电话、发短信外,还有照相、上网、MP4等功能。

   (4) A：你觉得最近这个城市的交通情况怎么样？
       B：平时还可以,但上下班时间交通颇为拥挤,最好还是避免在那个时段出行。

2. 就算……,也……

【练习】用"就算……也"或"即便……也"、"哪怕……也"、"纵然……也"完成下面的对话:

(1) A:这本小说的主人公小时候的生活非常艰苦。
    B:<u>是啊。就算生活艰苦,他也没有改变自己对理想的追求。</u>

(2) A:你经常去老年公寓做义工会耽误自己的学习的,我劝你还是少去几次吧。
    B:<u>即便会影响学习,我也还是要坚持去为老人服务。</u>

(3) A:我刚才说的话可能有不正确或不恰当的地方,请大家多多包涵。
    B:<u>没关系。哪怕有什么不对的地方,我们也不会在意的。</u>

(4) A:我这个人有学语言的爱好,现在又开始学西班牙语了,可惜每天上班,没有那么多的时间。
    B:<u>既然已经开始学了,就算时间紧也应该坚持下去。</u>

3. 多多

【练习】用"名词/动词＋多多"和"多多＋动词"改写句子或完成句子、对话:

(1) 学好一门外语需要下工夫,花时间,花钱,还得有好老师和好方法,会遇到很多困难。
    <u>学好一门外语需要下工夫,花时间,花钱,还得有好老师和好方法,困难多多。</u>

(2) 他既贩毒,又偷窃,既贪污,又诈骗,<u>简直是犯罪多多啊。</u>

(3) A:自从放假以后,我的身体越来越胖了,这可怎么办呀?
    B:<u>最好的办法就是多多运动,这是最健康的减肥方法。</u>

(4) A:我的同屋最近失恋了,我很同情他,又不知道该怎么帮助他,你有什么好建议吗?
    B:<u>你应该多多带他出去玩,分散他的注意力,过一段时间他就不会那么难受了。</u>

4. 不来

 【练习】用"动词＋不来"完成句子或对话：

 (1) 在四种游泳姿势中,自由泳、蛙泳、仰泳我都没问题,唯独蝶泳游不来。
 (2) 我这个人缺乏音乐细胞,这么高难度的歌肯定唱不来。
 (3) A:你挺会表演的,能模仿一下那个演员的动作和语言吗?
     B:这个演员的动作和语言太有特点了,我实在模仿不来。
 (4) A:最近手机又有了一些新功能,你们公司的产品有吗?
     B:我们公司的技术还没那么好,生产不来。

5. (八)成+形容词

 【练习】用上面提到的用法或例子完成对话：

 (1) A:你要转让的冰箱是个什么情况,请给我介绍一下吧。
     B:我的冰箱刚买了半年,现在有八成新。
 (2) A:小王说晚上8点左右给我打电话,怎么到现在还不打来呀?
     B:他八成忘了,你给他打过去吧。
 (3) A:李教授讲的"中国古代哲学思想"课你都听懂了吗?
     B:李教授的课内容很深,我只能听懂七八成。
 (4) A:据你分析,小莉会接受我的求爱吗?
     B:我觉得小莉接受你求爱的可能性有九成,你应该勇敢地向她表白。

6. 就此

 【练习】选用上面的词语填空：

 (1) 我们两个人性格、爱好差别太大了,还是(就此分手)吧。
 (2) 这次比赛他输了,但他绝不会(就此罢休)的,下次一定会赢回来。
 (3) 由于工作不认真,他两次被公司辞退,但他并没有(就此改变),还是保持着自己的老习惯。
 (4) 今天的会议(就此结束),大家回去各干各的事儿吧。

7. 无可

【练习】选用上面的词语填空：

(1) 谈判进行得很顺利，至于谈判的具体内容，现在还(无可奉告)。

(2) 谁的话他都不听，连爷爷都对他(无可奈何)，别人就更没辙了。

(3) 他的行为属于正当防卫，我认为(无可厚非)。

(4) 这些数字(无可争辩)地表明，中国的经济这几年的确得到了长足的发展。

(5) 这种最新型的电脑有着其他所有电脑都(无可比拟)的优越性。

(6) 他们俩的关系彻底破裂，已经(无可挽回)了。

三、部分"综合练习"(见教材 pp.79～85)参考答案

Ⅰ 词语练习

一、填入合适的名词

(一) 泛起(思念)　　追思(往事)　　装扮(城市)
　　征集(照片)　　尝试(新事物)　遗弃(动物)
　　置备(电器)　　提携(下属)　　提升(水平)

(二) (文物)绝迹　　(赔款)到手　　(红色)风行
　　(血液)凝固　　(气候)多变　　(天使)降临

(三) 惆怅的(心情)　时髦的(服装)　得体的(称呼)
　　清纯的(空气)　轻微的(病情)　苗条的(身材)
　　强劲的(风暴)　昂奋的(情绪)　诡谲的(眼神)

二、填入合适的动词

别扭地(坐着)　　竭诚地(劝告)　　羞涩地(拒绝)
夸张地(比喻)　　诧异地(发现)　　不快地(离去)

三、填入合适的形容词或副词

(新颖)的发型　　(厚厚)的文集　　(可爱)的面容
(时髦)的装束　　(短暂)的人生　　(明显)的差异
(羞涩)的初恋　　(巨大)的潮流　　(吃惊)的眼神
(认真)地推敲　　(长久)地出神　　(仔细)地体验
(明确)地认定　　(清晰)地浮现　　(顽强)地抗拒

四、填入合适的量词

一(种/款)发型　　一(本/部/册/套)文集　　一(支)唇膏

一(股/阵)劲风　　一(种)情趣　　　　　　一(篇/页)附录

五、写出下列词语的近义词或反义词

(一) 写出近义词

去世——逝世/过世　　　　时髦——时尚/入时

得体——得当/恰当/合适　面容——容貌/面貌

体验——体味/体会/感受　羞涩——害羞/羞怯

遗弃——抛弃/丢弃　　　　风行——流行

预料——预见/料想　　　　范畴——范围

宣泄——发泄　　　　　　　穿着——衣着/穿戴/装束

(二) 写出反义词

时髦——过时/落伍/陈旧　顺风——逆风

轻微——严重/重大　　　　苗条——粗壮

昂奋——低沉/消沉　　　　强劲——柔和

抗拒——顺从/服从　　　　凝固——化解/化开

提升——降低　　　　　　　良性——恶性

夕阳——朝阳　　　　　　　不快——愉快/快乐

六、选词填空

1. 纯洁　　2. 风行　　3. 羞涩　　4. 体会

5. 夸张　　6. 清纯　　7. 羞怯/羞涩　　8. 体味

9. 夸大　　10. 体验　　11. 流行

七、解释句子中画线词语的意思

1. C　2. A　3. B　4. A　5. B　6. A　7. C

8. B　9. A　10. B　11. A　12. C　13. B

八、用所给的词语填空

1. 触目惊心　2. 溢美之词　3. 沾亲带故　4. 无可责备

5. 借题发挥　6. 飘然而至　7. 大摇大摆　8. 九牛二虎之力

Ⅱ 课文理解练习

一、根据课文内容判断正误

1. √　2. ×　3. √　4. ×　5. ×　6. √

7. √　8. ×　9. ×　10. √　11. √　12. ×

13. √　14. ×　15. ×　16. √

四、部分"阅读与理解"（见教材 p.87）参考答案

（一）根据文章内容判断正误

1. √   2. ×   3. ×   4. √   5. √   6. ×
7. √   8. ×   9. √   10. ×   11. ×   12. √

陆　文化知识点补充说明

《三娘教子》的故事

《三娘教子》是一出根据明代李渔的小说改编的戏剧，故事是说：

明代有个儒生薛广外出经商，家里留下妻张氏，妾刘氏、王氏，还有刘氏所生之儿子倚哥和老仆人薛保。薛广赚钱后托同乡往家中捎白金五百两，不料这个人侵吞了白金，并买一副空棺材停于荒郊，谎称是薛广的灵柩……结果，张、刘二氏改嫁，把倚哥留给了王氏。王氏春娥含辛茹苦，以织布为生，与老仆人薛保共同抚养倚哥。倚哥在学堂因没有亲生母亲而被同学讥讽，气愤回家，不认三娘为母，三娘气得砍断织布机，以示跟他决绝。后来在薛保劝导下，倚哥发愤读书，中了状元。薛广也得官回家，父子所得官诰两份，都交给了春娥，对她表示感谢和尊敬。

什么是"蝴蝶效应"

"蝴蝶效应"（The Butterfly Effect）是美国气象学家爱德华·洛伦兹（Edward Lorenz）1963年在提交给纽约科学院的论文中首先提出来的。

这一理论的大概意思是说：一只南美洲亚马逊河流域热带雨林中的蝴蝶，偶尔扇动几下翅膀，就有可能两周后在美国德克萨斯引起一场龙卷风。其原因在于：蝴蝶翅膀的运动，导致其身边的空气系统发生变化，并引起微弱气流的产生，而微弱气流的产生又会引起它四周空气或其他系统产生相应的变化，由此引起连锁反应，

最终导致其他系统的极大变化。

这个效应说明，事物发展的最终结果，对初始条件具有极为敏感的依赖性，初始条件的极小偏差，将会引起结果的极大差异。而这变化往往是难以预测的，或者说是带有一定的随机性的。

现在，我们常常用"蝴蝶效应"来说明这样一个道理：一个不好的、微小的因素，如果不加以及时的引导、调节，会给事物带来非常大的危害，人们把这种结果戏称为"龙卷风"或"风暴"；而一个好的微小的因素，只要正确指引，经过一段时间的发展，也将会产生良性的轰动效应，也可以称为"革命"。

"蝴蝶效应"的理论，与中国古代"差之毫厘，谬以千里"的成语不谋而合，具有深刻的科学内涵和内在的哲学魅力，发人深省。流传在西方的一首民谣可以作为对这一哲理的形象说明：

丢失一个钉子，坏了一只铁蹄；
坏了一只铁蹄，折了一匹战马；
折了一匹战马，伤了一位骑士；
伤了一位骑士，输了一场战斗；
输了一场战斗，亡了一个帝国。

第四课　现代化和蜗牛

壹　背景材料

一、程乃珊,女,1946年出生于上海,1949年全家迁居香港,50年代中期,又举家返回上海。程乃珊1964年高中毕业,考入上海教育学院英语班,毕业后被分配到中学教书十余年。

二、程乃珊1979年在《上海文学》发表处女作短篇小说《妈妈教唱的歌》,从此开始创作生涯。1983年加入上海作家协会,1985年加入中国作家协会,1990年赴香港定居。著有中短篇小说集《天鹅之死》、《调音》、《丁香别墅》等,散文集《香江水,沪江情》、《你好,帕克》、《让我对你说》、《双城之恋》等,与人合译著有《上海生死劫》、《福乐会》等。

三、程乃珊的作品多次获奖。中篇小说《兰舞》曾获上海文学和首届《钟山》文学奖及上海40年优秀小说奖。中篇小说《女儿经》获中篇小说选刊奖,再获1985年首届上海青年"敦煌"文学大奖。1993年《花太太的客厅》获香港《亚洲周刊》第三届短篇小说创作比赛亚军,并先后获奖20多次。《蓝屋》、《穷街》、《女儿经》、《丁香别墅》、《黄丝带》等作品都已经被搬上荧屏或银幕。1992年她被列入英国欧罗巴出版公司的《世界妇女名人录》,1994年被列入美国职业妇女《世界名人录》。

四、程乃珊长期在上海和香港生活,对海派都市生活非常熟悉;又由于家庭背景的影响,具有对上层工商界、金融界生活的丰富感受,还有长期在中学教书的经历和体验,这一切都为她的小说创作提供了有利条件。她的作品内容大都来自她熟悉的生活,她擅长通过描写日常琐事和生活细节,反映沪港两地的人情风俗和社会心理。

贰 教学目标与步骤

一、教学目标

语　言	内　容	文　化
1. 理解并运用本课的重点词语（见"重点词语讲解"）。 2. 掌握词语辨析： （1）赞许—赞同 （2）快捷—敏捷 （3）预测—推测 （4）过于—过分 （5）快速—迅速 3. 掌握语言点： （1）足以 （2）随之而…… （3）起码 （4）过于 （5）以……著称 （6）幸好	1. 朗读并理解课文，根据课文后面的练习准确复述课文的内容，完成与理解课文内容相关的练习。 2. 理解作者所说的忙碌给现代人生活带来的变化，并分析具体的原因。 3. 分析高消费的生活模式与现代人的忙碌之间的关系。 4. 评价有些西方人提倡的"慢慢吃"运动的意义。 5. 对于"近代很少出艺术大师和大思想家"的说法作出评论。 6. 思考"快"和"慢"的辩证关系以及对社会发展和人类生活的影响。	1. 了解"慢慢吃运动"的具体内容和发展情况。 2. 比较东西方人在生活观念上的主要异同。

二、教学步骤

1. 导入。介绍作者背景、课文内容。
2. 词语1～50。词语辨析1。
3. 第一部分课文(到"已到了分秒必争的地步")。注释1～6。语言点1～2。
4. 词语51～91。词语辨析2～4。
5. 第二部分课文(到"与家人相处的时间也每日减少45分钟")。注释7～11。语言点3～4。
6. 词语92～128。词语辨析5。
7. 第三部分课文。注释12～15。语言点5～6。
8. 做"综合练习"。
9. 阅读与理解。

三、建议课时:8～9课时。

叁 词语教学

一、重点词语讲解(词语见教材 pp.92～97)

(5) 连声
A. ～＋动词:～说、～夸奖、～赞许、～答应、～呼救、～喊叫、～感叹。
B. 近义词:连呼。

(11) 步伐、(32) 步子
A. 都可以指行走的脚步:整齐的～、快速的～、矫健的～、缓慢的～;放慢～、加快～。
B. 都可以比喻事情发展的速度:人生的～、经济发展的～、改革开放的～、社会进步的～、加入世界一流大学的～、全球化的～、实现理想的～。
C. 区别:"步伐"多用于书面语,"步子"常用于口语。

(10) 接轨
A. ……与(和、跟)……接轨:国家的经济与国际～、公司的经营与市场～、与一流大学～、跟社会发展～、和时尚～。
B. 近义词:衔接、连接。

(12) 提速
A. 名词＋～:汽车～、火车～、飞机～。
B. 近义词:加速、加快;反义词:减速、减慢。

(15) 隐去
A. ～＋名词:～姓名、～年龄、～人物、～画面、～镜头、～面容、～信息。
B. 副词＋～:渐渐～、逐渐～、迅速～、马上～、完全～、彻底～。
C. 近义词:隐藏;反义词:公开。

(25) 天伦之乐
　　动词+～:享受～、共享～、充满～、追求～、失去～。

(29) 松弛
　　A. 不紧张,松散:～的精神、～的心情、～的神经、～的皮肤、～的肌肉。反义词:紧张、紧绷。
　　B. 不严格:纪律～、制度～、作风～、门卫～、管理～。
　　　近义词:松懈;反义词:严格。

(30) 有心
　　A. 动词,有某种想法,～+动词结构:我～帮助他;他～把父母接到北京来;情人节到了,他～送女朋友一束红玫瑰;说者无意,听者～。反义词:无心。
　　B. 副词,故意:我是～说给他听的;他这样做完全是～捣乱;他～破坏,还说是因为不小心。
　　　近义词:存心、故意、有意。
　　C. 固定搭配:～人。

(31) 放缓
　　A. ～+名词:～速度、～步子、～步伐、～节奏、～进度。
　　B. 近义词:放慢、减慢;反义词:加速、加快。

(41) 大大
　　A. ～+动词:～改变、～改善、～改进、～提高、～降低、～减少、～增加。
　　B. 反义词:微微。

(42) 精简
　　A. ～+名词:～语言、～字句、～内容、～手续、～机构、～人员、～开支、～物品、～会议。
　　B. 近义词:缩减、削减、减少;反义词:增加、增多。

(43) 冷冰冰
　　A. 物体很冷:～的石头、～的冰块、～的铁门、～的河水、～的地面。
　　　近义词:冰冷、冷丝丝;反义词:热乎乎、热烘烘。

B. 不热情或不温和：～的态度、～的性格、～的面孔、～的眼光、～的表情、～的话语、～的眼神、～的样子。
近义词：冷淡、冷漠；反义词：热情、热烈、热乎乎。

(47) 节奏
A. 音乐或诗歌中出现的有规律的强弱、长短现象：～明快、～缓慢、～强烈。
B. 比喻均匀的、有规律的活动进程：生活的～、上课的～、工作的～、运动的～、文章的～、学习的～。
C. 近义词：节拍。

(50) 分秒必争
A. 作谓语：该考试了，学生们～，抓紧一切时间复习功课。
B. 作状语：他～地把一天的工作处理完了。
C. 作定语：他们这种～的工作精神值得大家学习。
D. 近义词：争分夺秒。

(51) 视为
A. 把……视为……：他把自己的研究事业～人生中最重要的东西。
B. 被……视为……：北京大学被大部分中国人～中国的最高学府。
C. 视……为……：她视家中的一只青花瓷花瓶为至宝，特别小心地爱护着。
D. 近义词：看做、当作。

(52) 等同
A. 把……和……～起来：你不要把政治问题和经济问题完全～起来。
B. ～于……：他原来是个运动员，现在退休多年，运动水平也就～于一个普通人了。
C. 近义词：同等、相等、相同；反义词：迥异。

(53) 懒惰
A. ～的＋名词：～的人、～的动物、～的头脑、～的作风。
B. 近义词：懒、慵懒；反义词：勤快、勤奋、勤劳。

(56) 回报
　　A. ～＋名词:～社会、～家庭、～父母、～祖国、～顾客、～老师、～好意、～恩德、～善心。
　　B. 状语＋～:积极～、努力～、应该～、一定～、无以～、马上～。
　　C. 近义词:报答。

(58) 忙碌
　　A. ～的＋名词:～的人、～的动物、～的生活、～的日子、～的工作、～的假日。
　　B. 状语＋～:整天～、经常～、常常～、过分～、非常～。
　　C. ～地＋动词:～地工作、～地学习、～地做饭、～地整理、～地打扫、～地跑来跑去、～地做着各种事情。
　　D. 近义词:繁忙、忙活;反义词:清闲、悠闲。

(59) 鼓吹
　　A. 宣传(中性):～民主科学、～改革开放、～思想、～理论、～观点。
　　　 近义词:宣传、宣扬。
　　B. 吹嘘(贬义):～自己、～优点、～成绩、～能力、～水平、～学识。
　　　 近义词:吹嘘、吹牛。

(66) 豪华
　　A. ～(的)＋名词:～的房间、～的大厅、～的汽车、～的别墅、～客厅、～的商业区、～的晚礼服、～的色彩、～的场面、～家具、～游艇、～风格。
　　B. 近义词:华丽、华贵;反义词:简朴、简陋。

(67) 渺小
　　A. ～的＋名词:～的个人、～的对手、～的人类、～的力量、～的目标。
　　B. 近义词:微小、细小;反义词:伟大、巨大。

(68) 寒酸
　　A. ～的＋名词:～的人、～的衣着、～的家境、～的模样～的日子、～的生活、～的房子、～的礼物、～的摆设、～的模样、～的布置、～的家。

B. 近义词:穷酸、寒碜;反义词:体面。

(69) 呈现
　　A. ～＋名词:～景象、～景色、～面貌、～颜色、～表情、～样子、～神色、～微笑、～状态、～趋势、～形势、～场面、～情景、～情况。
　　B. 常用搭配:～着……、～出……、～过……、～在……。
　　C. 近义词:出现、表现、显现、显露。

(72) 伸手可及
　　A. 作谓语:那本书～;利益～;所追求的目标～。
　　B. 作定语:孩子没有拿到那个～的苹果;本来～的职位一夜之间飞了。
　　C. 近义词:触手可及、唾手可得;反义词:遥不可及。

(73) 遥遥无期
　　A. 作谓语:小李刚进大学,毕业的日子还～。
　　B. 作定语:～的日子让人感觉很无奈;他失去了希望,只有～的等待。
　　C. 反义词:迫在眉睫、指日可待。

(75) 引发
　　A. ～＋名词:～事件、～情况、～问题、～感情、～爱情、～兴趣、～战争、～灾难、～事故、～疾病、～争端、～矛盾、～骚乱。
　　B. ～＋动词:～思考、～讨论、～争论、～游行、～罢工、～抗议、～动乱。
　　C. 近义词:引起、触发。

(78) 急剧
　　A. ～＋动词:～变化、～下降、～上升、～跳动、～摇摆、～摇晃、～发展。
　　B. 近义词:急速、快速;反义词:缓慢。

(80) 刻意
　　A. ～＋动词:～打扮、～装扮、～布置、～经营、～追求、～描写、～表现。
　　B. 近义词:有意、故意;反义词:无意。

(91) 稀世珍品
　　A. 作主语:历史上的很多～现在已经流失或被破坏了。
　　B. 作宾语:这个青花瓷花瓶是元代的作品,现在已经成了～。
　　C. 扩展:稀世珍宝、稀世之才。

(93) 误导
　　A. ～＋名词:～学生、～孩子、～消费者、～老百姓。
　　B. 动词＋～:产生～、造成～、形成～、构成～、消除～。

(94) 率先
　　A. ～＋动词:～超越、～达到、～到达、～取得、～实现、～冲刺、～进入、～行动、～进攻、～提出、～生产、～创造、～研究、～开发、～播出。
　　B. 近义词:首先。

(99) 抵制
　　A. ～＋名词:～行为、～做法、～商品、～食品、～活动、～比赛、～思想、～制度、～理论、～方式、～风气、～政策、～倾向、～会议。
　　B. 形容词/副词(地)＋～:坚决地～、及时地～、有效～、大胆～、自觉～、努力～、故意～、有力～、共同～、积极～。
　　C. 近义词:抵抗、抵御、制止;反义词:提倡、助长。

(100) 崇尚
　　A. ～＋名词:～健康、～科学、～文明、～爱情、～自然、～正义、～现代化、～理性、～人性、～自由、～民主、～精神。
　　B. 近义词:崇拜、推崇;反义词:鄙弃、鄙视。
　　C. 崇尚——崇拜:
　　　　"崇拜"的后面可以跟人物或事物:～英雄、～父母、～太阳、～自然。

"崇尚"的后面一般跟事物:(见上面的例子)

(105) 廉价
A.～(的)＋名词:～商品、～货物、～书籍、～劳动力、～的同情、～的感情、～的眼泪。
B.近义词:低价、便宜;反义词:高价、昂贵。

(106) 单一
A.～(的)＋名词:～方式、～模式、～结构、～价格、～行为、～商品、～品种、～的色彩、～的款式、～的目标、～的风格、～的内容、～的标准。
B.近义词:惟一、单纯;反义词:多样。

(111) 绿化
A.～＋名词:～祖国、～首都、～北京、～小区、～校园、～荒山、～环境。
B.扩展:美化、恶化、净化、强化、弱化。

(116) 穿插
A.交叉:从背后～;左右～;把汉语课和口语课～着安排。
两件事～进行;人流、车流互相～;东方色彩和西方风格～在一起。
近义词:交叉。
B.在文学艺术作品中加入一些次要的内容:～话语、～故事、～诗歌、～细节、～标记、～成语故事、～名人名言。

(119) 远远
～＋动词:～离开、～看着、～望去、～超过、～超出、～不够、～达不到、～比不上、～不能满足、～没有实现。

(122) 绝代
常见搭配:才华～、容貌～、风华～、～佳人、～美女、～大师。

(128) 共享

A. ～＋名词：～资源、～水源、～信息、～技术、～美酒、～音乐、～美食。
B. ～＋形容词：～幸福、～快乐、～欣喜、～成功。
C. 近义词：享受、分享。

二、词语辨析部分(见教材 pp.98～101)的异同归纳及补充练习

1. 赞许——赞同

◆ 相同之处：

	赞许 赞同
1. 语义：	都有认为好而加以肯定的意思。
2. 词性：	都是动词。

◆ 相异之处：

有差异的方面	赞 许	赞 同
1. 语义侧重点一：（见例1、2）	侧重夸奖、称赞。	侧重同意。
2. 语义侧重点二：（见例3、4）	自己认为好的人或事物。	与自己一致的看法。
3. 搭配一：（见例5）	有时可以带补语。	不可以。
4. 搭配二：（见例6）	可以用于"把"字句。	不可以。

【练习】

1. 我很（　　）这样一种说法：人无远虑，必有近忧。
2. 老师听完我的回答，用（　　）的目光看着我说："看来这次你是真的动了脑筋了。"
3. 来客们把老李家装饰得非常豪华的别墅大大地（　　）了一通。
4. "人类的未来将会是非常光明、美好的"，这个观点你（　　）吗？
5. 周围的人们对小王见义勇为的行为深表（　　）。

2. 快捷——敏捷

◆ 相同之处：

	快 捷　　敏 捷
1. 语义（例1、2）：	都有迅速灵敏的意思。
2. 用法：	都是形容词。都不能重叠。

◆ 相异之处：

有差异的方面	快 捷	敏 捷
1. 语义侧重点：（见例1、2）	侧重在速度快。	侧重在动作或反应灵敏、灵活。
2. 使用范围：（见例3、4）	范围小；形容动作、行为。	范围大；形容动作、行为，还可以形容思维活动。

【练习】

1. 这家快递公司十分守信用,为顾客提供了(　　　)的服务。
2. 要当一个好老师,不仅要知识渊博,而且要思维(　　　)。
3. 猴子们在树林中(　　　)地跳来跳去,充分施展着自己的攀越本领。
4. 我们小区上网的速度非常(　　　),业主们对此相当满意。

3. 预测——推测

◆ 相同之处：

	预 测　　推 测
1. 语义（例1、2）：	都有根据已知的情况估计未知的情况的意思。
2. 词性：	都是动词。

◆ 相异之处：

有差异的方面	预 测	推 测
1. 语义一：（见例1、2、3、4）	用于未来的事物。	可以用于未来的事物,也可以用于过去的事物。
2. 语义二：（见例5、6）	范围小,一般不用于思想、心理等抽象事物。	范围大,可以用于具体事物和抽象事物。

【练习】

1. 警察根据案发现场的情况,(　　　)犯罪嫌疑人是谋财害命。
2. 有科学家(　　　),二十年以后人类将攻克艾滋病这个不治之症。
3. 根据气象台的(　　　),下周将会是持续大风降温的天气,大家一定要注意防寒保暖。
4. 这次地震已经被我们(　　　)到了,这样可以减少很多损失。
5. 通过这一系列的计算,可以最后(　　　)出这道数学题的答案。
6. 从孔子的话语中,我们可以(　　　)出他的一些基本思想。

4. 过于——过分

◆ 相同之处：

	过　于	过　分
1. 语义（例1）：	都有说话、做事超过一定程度或限度的意思。	
2. 用法：	都可以作状语用。	

◆ 相异之处：

有差异的方面	过　于	过　分
1. 词性：（见例1、2、3、4、5）	副词。	形容词。
2. 语体：	书面语。	口语、书面语。

【练习】

1. 他说的一些(　　　)的话伤害了朋友的感情,从此两人就疏远了。
2. 家长(　　　)宽容会助长孩子的任性,使他们没有是非观念,为所欲为。
3. 有的电影导演为了拍电影而破坏了外景地的自然环境,我认为这种做法简直是太(　　　)了。
4. 事情的结果现在还不好说,你先不要(　　　)乐观。
5. "婚姻破裂的一切责任都应该由他来承担",这个说法未免(　　　)了。

5. 快速——迅速

◆ 相同之处：

	快 速	迅 速
1. 语义：	都有速度快的意思。	
2. 词性：	都是形容词。	

◆ 相异之处：

有差异的方面	快 速	迅 速
1. 语义的轻重不同：（见例1、2）	语义稍轻。	语义稍重。
2. 搭配一：（见例3、4）	不常做谓语。	常做谓语。
3. 搭配二：（见例4）	一般不可以。	可以受程度副词的修饰。

【练习】

1. 他被称为"飞人"，跑起步来非常（　　　），简直无人可及。
2. 事发后，他（　　　）拨打110报警，警察及时赶到，将抢劫犯擒获。
3. 士兵们纪律严明，动作（　　　），受到上级军官的嘉奖。
4. 老师提出问题后，学生们的反应很（　　　），都抢着要回答。

肆　课文教学

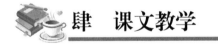

一、课文教学说明（课文见教材pp.89～91）

　　1. 关于文体：本文是一篇叙述与议论结合的散文。

　　2. 关于内容：本文涉及到一个常见的哲学问题，即"快"与"慢"的关系。科学技术和生产力的高速发展使人们的物质生活水平都得到了快速提高，但同时也使人们的生活节奏加快，生活压力也随之加大。作者认为这种情况使人们的物欲膨胀，生活情趣和人际关系都受到了不利的影响。作者推崇"慢慢城市联盟"所倡导的生活理念，并以清人张潮的话做结，把对快和慢的选择和调节上升到哲学思想的层次，引人深思。这篇文章发表在2001年，而在十年后的今天，谈论快与慢之间关系和利弊的文章仍在不断地见诸报端，可见作者思维的前瞻性。

　　本文中有一些个性化的内容，比如"冷冰冰的E时代，反而失却了农业社会给我们留下的浪漫和悠闲"；"消费成了高层次人士的专利，而闲暇已成稀世珍品";"人类高一层次的时间体验,就是悠闲。就这点讲,现代人的体验,远远不及古人,难怪近代中外,都很少出绝代艺术大师和思想家"等等,这些内容正好是展开讨论或辩论的话题。教师可以通过引导让学生发表自己的意见。

  3. 关于语言:本文以夸张有趣的对话开篇,一下子吸引了读者的注意力,显得不落俗套。大量排比句的使用是本文语言的一大特色,有效地加强了抒情的力度,也使得作者的思想得到了充分的表达。在本文中,叙述语言明快流畅,议论语言精练简洁而又切中要点,两者有机地结合在一起,对文章表情达意起到了很好的作用。

二、课文内容提问

1. 根据课文内容,现代人如何看待"忙"?
2. 根据课文内容,现代人的"忙"有什么具体表现?
3. 忙碌使现代人的生活发生了什么样的变化?
4. 越来越先进的科学技术给我们带来了什么?
5. 根据课文内容,现代人如何看待"慢"和"快"?
6. 为什么作者说高消费的模式也造成了现代人的忙碌?
7. 你理解的"足够收入"是什么意思?为什么说城市人没有这样的概念?
8. 那位英国教授为什么会感到沮丧?
9. 西方人是怎么开始向"事事讲求速度"的观念发起挑战的?
10. "慢慢吃运动"的发展情况怎么样?
11. 除了"慢慢吃"以外,这个运动还有什么别的主张?你对他们的这些主张有什么看法?
12. 作者认为,近代之所以很少出艺术大师和思想家,是因为现代人很少体验悠闲的感觉。你同意这种看法吗?说说理由。

三、教学活动建议

1. 提前布置学生设计表格,调查周围人们过去和现在休闲时间的变化以及对他们身心健康的影响,上课时作出报告。
2. 布置学生上网查资料,找出其他任何一篇关于生活节奏快慢的文章,比较它与课文在内容上的异同,并在上课时作出报告。
3. 分组讨论,一组一个问题,然后进行总结:
  A. 你是个急性子还是慢性子的人?你觉得这样有什么好处或坏处?
  B. 你觉得你现在的生活与你爷爷奶奶那代人的生活相比有什么变化?

C. 如果你有很多闲暇时间,你最想做哪些事情?

D. 如果可以选择,你是愿意生活在节奏较慢的过去,还是愿意生活在节奏较快的现代?说说你的理由。

伍 参考答案

一、词语辨析补充练习(见使用手册 pp.75~78)参考答案

1. 赞许——赞同
   ① 赞同　② 赞许　③ 赞许　④ 赞同　⑤ 赞许

2. 快捷——敏捷
   ① 快捷　② 敏捷　③ 敏捷　④ 快捷

3. 预测——推测
   ① 推测　② 预测/推测　③ 预测
   ④ 预测　⑤ 推测　⑥ 推测

4. 过于——过分
   ① 过分　② 过于/过分　③ 过分
   ④ 过于/过分　⑤ 过分

5. 快速——迅速
   ① 迅速　② 迅速/快速　③ 迅速　④ 迅速

二、语言点练习(见教材 pp.102~105)参考答案

1. (不)足以

   【练习】用"足以"或"不足以"完成句子或对话:

   (1) 他的新闻摄影作品多次在国际上获奖,这<u>足以说明他的摄影水平很高</u>。

   (2) 虽然火星上的确有空气,但还是不足以使<u>人类在上面生存</u>。

   (3) A: 那个新建的体育馆有多大?
       B: <u>真不小,足以容纳一千人</u>。

   (4) A: 他每天都对我说:"我爱你。""我永远不离开你。"
       B: <u>这足以说明他对你的感情很深</u>。

2. 随之而(起)

   【练习】选用"随之而来"和"链接"中的词语填空:

   (1) 最近田中的汉语词汇量扩大得很快,同时他的阅读、写作和听力水平也(随之而提高)了。

   (2) 7点半一到,电影院里黑了下来,电影也就(随之而开始)了。

   (3) 在今天的中国,中外经济和文化交流越来越频繁,"英语热"也就(随之而起)了。

   (4) 现在人们都非常重视自己的身体健康,(随之而来)的是,与保健有关的药品和器材的销售形势都非常好。

   (5) 随着时代的快速发展,一些旧的传统观念(随之而消失),而一些新的思想观念则(随之而产生)。

3. 起码

   【练习】用"起码"的形容词用法和副词用法完成句子或对话:

   (1) 对于生命来说,空气和水是最起码的生存条件。

   (2) A:在你们国家,大学生打工的报酬是怎么算的?
       B:一般按小时计算,每小时的工资起码不低于×元。

   (3) A:小王最近情绪低落,常常有自杀的念头,咱们得好好劝劝他。
       B:是啊,起码应该让他打消自杀的想法。

   (4) A:你说说朋友之间的交往最需要注意的是什么?
       B:我觉得最需要注意的是诚信,因为这是最起码的。

4. 过于

   【练习】用"过于"完成对话:

   (1) A:刚才试的那件衣服很适合你,价钱也不贵,你为什么不买呢?
       B:我还是觉得它的颜色过于鲜艳了,不太适合我的职业。

   (2) A:你为什么不喜欢这部爱情题材的新电影呢?
       B:因为我觉得演员的表演过于做作,不太自然。

   (3) A:你觉得他们俩离婚的主要原因是什么?
       B:可能是因为他们俩都过于固执,不愿意改变自己。

   (4) A:小王平时学习挺好的,为什么一到考试就砸锅呢?

B:他一到考试就过于紧张,所以总是不能很好地发挥水平。

5. 以……著称

【练习】用"著称"完成下面的句子或对话:

(1) 长城是到北京旅游的人必须参观的地方,它<u>以悠久的历史而著称于世</u>。

(2) 饺子是最典型的中国传统美食之一,它<u>以营养丰富、味道多样而著称</u>。

(3) A:请你给我们介绍一下你们国家最有名的事物吧。

B:<u>我们国家以优美的自然风光著称,是个旅游的好地方</u>。

(4) A:你了解IBM公司吗?我毕业以后打算申请到这个公司工作。

B:<u>了解一些。这是一个以先进的技术和丰富的产品著称的国际公司</u>。

6. 就此

【练习】用"幸好"完成句子或对话:

(1) 我没想到妈妈也想去看电影《哈利·波特》,不过,<u>幸好我多买了一张票</u>。

(2) 他得的这种病是致命的,<u>幸好遇到一个技术高超的医生,他才得救了</u>。

(3) A:小李,寒假里的黑龙江之行怎么样?

B:很有意思。不过那里可真够冷的,<u>幸好我准备了厚衣服</u>。

(4) A:听说你昨天去参加求职面试了,感觉怎么样?

B:<u>面试的内容很难,不过幸好我准备得比较充分</u>。

三、部分"综合练习"(见教材 pp.106~111)参考答案

I 词语练习

一、填入合适的名词

(一) 隐去(姓名)　　追忆(往事)　　放缓(节奏)
　　　精简(人员)　　回报(父母)　　鼓吹(理论)

呈现(面貌)　　　引发(事故)　　　预测(未来)
误导(孩子)　　　抵制(毒品)　　　崇尚(自然)
(二) 松弛的(皮肤)　浪漫的(故事)　冷冰冰的(态度)
　　懒惰的(人)　　豪华的(房间)　渺小的(事物)
　　寒酸的(家庭)　廉价的(商品)　单一的(形式)
(三) 一栋(大楼)　　一味(药)

二、填入合适的动词
(一) 连声(道谢)　　大大(超过)　　急剧(下降)
　　刻意(追求)　　快速(发展)　　率先(到达)
　　悠闲地(散步)　忙碌地(工作)　远远地(观看)
(二) (利用)闲暇　　(分析)层次　　(申请)专利
　　(闻名)中外　　(做)标记　　　(参加)饭局

三、填入合适的形容词或副词
(一) (坚定)的步伐　(清楚)的镜头　(热闹)的场景
　　(快速)的节奏　(丰富)的资讯　(新颖)的模式
　　(贪婪)的欲念　(丰盛)的美食　(高大)的建筑物
(二) (连声)地赞许　(迅速)地递增　(不断)地穿插

四、填入合适的量词
　　一(张)卡　　　一(封)书信　　一(台)蒸汽机
　　一(盏)灯　　　一(张)餐桌　　一(家)作坊

五、写出下列词语的近义词或反义词
(一) 写出近义词
　　赞许——称赞／赞扬　　往日——以往／以前／过去
　　追忆——回忆／回想　　原意——本意
　　休闲——休息／悠闲　　快捷——敏捷／快速
　　豪华——华丽／华贵　　寒酸——穷酸
　　呈现——出现／表现　　欲念——欲望
　　预测——推测／设想　　率先——首先
　　抵制——抵抗／抵御　　崇尚——崇拜／推崇
　　廉价——低价／便宜　　觉醒——觉悟／醒悟
(二) 写出反义词
　　时髦——过时／落伍／陈旧　松弛——紧张／严格
　　放缓——加速／加快　　增——减
　　后期——前期　　　　　浪漫——现实

懒惰——勤快 / 勤奋 / 勤劳　　冷冰冰——热乎乎
快捷——缓慢 / 迟钝　　　　　忙碌——悠闲 / 清闲
豪华——简朴 / 简陋　　　　　渺小——伟大 / 巨大
沮丧——高昂 / 得意 / 兴奋　　乐观——悲观
廉价——高价 / 昂贵　　　　　单一——多样 / 复杂

六、选词填空
1. 快捷　2. 过分　3. 推测　4. 快速　5. 赞许
6. 过于　7. 敏捷　8. 预测　9. 敏捷　10. 赞同

七、选择正确的答案
1. C　2. B　3. A　4. C　5. B　6. C
7. B　8. A　9. C　10. C　11. B　12. C

八、选择下面的四字词语填空
1. 伸手可及　2. 天伦之乐　3. 遥遥无期
4. 分秒必争　5. 稀世珍品　6. 随之而起

Ⅱ 课文理解练习

一、根据课文内容判断正误
1. √　2. √　3. ×　4. ×　5. √
6. ×　7. √　8. ×　9. √　10. √
11. ×　12. √　13. √　14. ×　15. ×
16. √　17. √　18. ×　19. ×

四、部分"阅读与理解"(见教材 p.114)**参考答案**

(一) 根据文章内容判断正误
1. √　2. ×　3. ×　4. √　5. √
6. ×　7. √　8. √　9. ×　10. ×
11. √　12. ×　13. √　14. √　15. ×

陆　文化知识点补充说明

关于"慢慢吃运动"

"慢慢吃运动"也叫"慢食运动"（slow food movement）。这项运动始于1986年，意大利的美食专栏作家和社会活动家CARLO PETRINI向世人提出"为什么我们的生活要这么快？""即使在最繁忙的时候，也不要忘记享受家乡美食。"引起很多人的共鸣。

3年后的1989年，"国际慢食运动"在法国巴黎正式启动。20多个国家的代表签署了《慢食宣言》，其中写道："让我们从慢慢吃饭开始，对抗快节奏的生活吧。"宣言提出了以6个M为内涵的慢食文化：MEAL（美味的佳肴），MENU（精致的菜单），MUSIC（醉人的音乐），MANNER（周到的礼仪），MOOD（高雅的氛围），MEETING（愉悦的面谈）。在慢食主义者看来，慢食，并不只是慢慢吃而已，慢食运动主张的精神是，我们吃的东西，应该以更从容的节奏去培植、去烹煮和享用。"慢食运动"发起人、意大利人佩屈尼说，慢吞吞并非慢食的目标，慢的真义是让你掌控自己的生活节奏，掌控自己的品味，只有这样，世界才会更丰富多彩。慢食主义者还认为，快节奏的生活（"FAST LIFE"）是一种病毒，他们反对按标准化、规格化生产的汉堡包等单调的快餐食品，提倡有个性、营养均衡的传统美食，目的是"通过保护美味佳肴来维护人类不可剥夺的享受快乐的权利，同时抵制快餐文化、超级市场对生活的冲击"。他们坚持不懈地鼓励人们放慢节奏、享受生活，不接手机，不看掌上电脑的信息，在轻松的环境中享用精心烹制的食品。慢食主义者一方面追求"吃得好"，另一方面还希望拯救地球，提倡环保。他们还致力于找出即将消失的手工食物，甚至拯救了意大利130多种濒临绝迹的食物，其中一些是源于中世纪的经典美食。

随着现代化水平的不断提高，人们发现快餐生活带来了肥胖症、高血脂、高血糖等一系列的现代文明病和烦躁情绪，于是慢食运动在世界各地得到了迅速发展。现在,总部设在意大利北方布拉镇(Bra)的"慢慢吃协会",在全球已有700多个分会,70,000多名成员,遍布40多国家及地区;亚洲的泰国、韩国、日本都有分会。每个分会由10多个到2000个成员组成,他们常常会组织一些跟慢食有关的活动,比如:安排品尝教学,学习传统烹饪技艺,协助附近农民的工作,参观农场等等。

慢食运动让很多年轻人回到了厨房。意大利、法国、美国等很多地方都兴起了一阵"下班学烹饪"的热潮。学习精工慢火的烹调技艺,享受食物的香气。跟大家一起学习做菜,成为一些上班族释放压力的良方。

国际慢食协会的标志是一只缓慢爬行中的蜗牛,它体现着慢食文化所代表的美食态度和生活态度。"慢食运动"的意义是显而易见的。从精神层面上讲,人们可以静静地体味以6个M为中心的慢食文化;从生理层面而言,细嚼慢咽能产生大量唾液,而唾液中富有的15种特殊酶,能有效降解食物中的致癌物质,同时还能减轻食物对胃部的刺激,有利于降低餐后的血糖。专家建议,每口食物咀嚼20次以上,每顿饭的进餐时间在45分钟以上,这会对你的健康非常有利。

第五课　上天自有安排

 壹　背景材料

一、述平，本名王述平，1962年生于山东高密，中国当代作家、编剧。

二、述平一般被认为属于中国文学中的"晚生代"作家群，他在1994年发表了短篇小说代表作《晚报新闻》，获得长白山文艺奖。但述平不是一个高产的作家，此外他还创作了《药》、《凹凸》、《某》等小说，并担任吉林省作家协会副主席。

三、电影是述平最大的爱好，甚至可以说他对电影的兴趣超过了文学。1997年，著名导演张艺谋发现了述平的小说《晚报新闻》，于是，述平第一次涉足电影编剧，张艺谋导演、张伟平制片、姜文、李保田主演，拍摄了带有黑色幽默色彩的喜剧《有话好好说》。

四、此外，述平还先后参与了电影《鬼子来了》和《太阳照常升起》的剧本创作，是姜文创作队伍的重要成员之一。1998年，述平还为导演吕乐担任编剧，合作创作了电影《赵先生》。

五、本文发表在《作家》杂志1995年第五期，是述平的代表作之一。

贰 教学目标与步骤

一、教学目标

语　言	内　容	文　化
1. 理解并运用本课的重点词语(见"重点词语讲解")。 2. 掌握词语辨析： 　(1) 依赖—依靠 　(2) 营造—营建 　(3) 指点—指示 　(4) 敏捷—灵敏 　(5) 延伸—延长 3. 掌握语言点： 　(1) 给……以…… 　(2) 纯属 　(3) 急于 　(4) 至于 　(5) 予以	1. 了解课文故事的背景。 2. 细读课文讲述的故事，理解故事情节的曲折变化，尤其要注意读懂细节。 3. 准确理解并分析课文中周健与小刘的性格特征，思考性格对人生的影响。 4. 思考课文故事中所表现的悲剧性之所在。 5. 思考并讨论课文题目的含义，以及课文的内容是怎样与题目相互呼应的。	1. 了解中国人传统的性格特点和恋爱观，以及形成原因。 2. 把传统中国人的性格特点和恋爱观与现代中国人（或其他国家的人）作比较，分析相同、相异之处，了解社会变化对个人性格与情感的影响。 3. 了解印度作家泰戈尔的创作情况以及所取得的伟大成就。

二、教学步骤

1. 导入。介绍课文内容及背景。
2. 词语 1～41。词语辨析 1～4。
3. 第一部分课文(到"就飞快地闪出了门外")。注释 1～6。语言点 1～2。
4. 词语 42～83。词语辨析 5。
5. 第二部分课文。注释 7。语言点 3～5。
6. 做"综合练习"。
7. 阅读与理解。

三、建议课时：6～7 课时。

叁　词语教学

一、重点词语讲解(词语见教材 pp.122～125)

(2) 印证

　　A. ～＋名词：～推测、～猜测、～预见、～推断、～观点、～看法、～理论、～(某人的)话。

　　B. 近义词：证实、证明。

(6) 倾心

　　A. 一心向往；爱慕：～于(某人、某事物)；一见～。

　　B. 拿出真诚的心：～交谈、～相恋、～相交。

　　C. 可以受程度副词修饰：很～、十分～。

　　D. 近义词：钟情。

(7) 敏感

　　A. ～的＋名词：～的人、～的动物、～的性格、～的神经、～的耳朵、～的问题、～的内容。

　　B. 近义词：敏捷、敏锐、灵敏；反义词：迟钝、麻木。

(8) 俗不可耐

　　扩展：形容词＋不可耐：急不可耐、热不可耐、脏不可耐、臭不可耐、饥不可耐、渴不可耐、疼(痛)不可耐。

(14) 意味深长

　　A. 作谓语：妈妈的话～，值得我好好思考。

　　B. 作定语：这一番～的叮嘱让我久久难忘。

　　C. 作状语：老师～地说："仅仅满足于现在是很难有突破的。"

　　D. 扩展：意味无穷、意味深远、意味隽永。

(24) 浏览

　　A. ～＋名词：～书籍、～报纸、～标题、～内容、～商店、～商品、～市容、～城市、～风景、～景色、～风光。

B. 形容词/副词(地)＋～:仔细～、认真～、快速～、粗略地～、匆匆地～。

(27) 微微
A. 形容词:～(的)细雨、～的暖风、～的笑容、～的亮光。
B. 副词:～点头、～颤抖、～笑一下、～动一下、～皱一下眉头。
C. 近义词:轻轻、稍微、略微、轻微;反义词:重重。

(28) 默契
A. 形容词:～的夫妻、～的配合、～的合作、～的关系;谈得～、配合得～。
B. 名词:达成～、形成～、(没)有～。

(30) 微妙
A. ～＋名词:～的感情、～的关系、～的形势、～的处境、～的道理、～的心态、～的心情、～的问题、～的事情、～情况。
B. 近义词:玄妙、奥妙;反义词:简单、明白。

(31) 陶醉
A. 名词＋～:他(我)～了。
B. 让(使、令)人～:清新的空气、美丽的风景都让人～。
C. ～于(在)……之中:他～在小说的情景之中,没有注意到别的事情。
D. 可以受程度副词修饰:很～、非常～。
E. 近义词:沉醉、沉迷、入迷。

(33) 落实
A. ～＋名词:～政策、～措施、～责任、～任务、～想法、～设想、～计划。
B. 近义词:实现、兑现;反义词:落空、流产。

(34) 竭力
A. 动词,用尽一切力量:老师为学生尽心～。
B. 副词:～反对、～赞同、～帮助、～辩解、～避免、～克制、～装出、

～保证、～劝说、～减少、～改正、～控制、～治疗、～使、～让、～做。

C. 近义词:尽力、极力。

(35) 劝阻

　　A. ～＋名词短语:～学生、～孩子、～他不要去那里、～朋友别走极端。

　　B. 近义词:劝止、阻止、阻拦;反义词:怂恿、煽动、鼓动

(36) 察觉

　　A. ～＋到/了/出＋名词结构:我～到他的变化;老师～了学生的心理;父母～出孩子最近心情不好。

　　B. 近义词:觉察、发觉、发现。

(38) 潦草

　　A. 不工整:～的字、～的笔迹、～的字体、～的作业。
　　　　近义词:杂乱;反义词:工整。

　　B. 不仔细:做事～、～地打扫、～地洗衣服、～地整理、～地应付
　　　　近义词:草草、草率、粗糙、马虎;反义词:认真、仔细

(41) 无地自容

　　A. 作谓语:期末考试如果不及格的话,我～。
　　B. 作定语:看着他一副～的样子,大家都替他难过。
　　C. 作状语:面对大家谴责的目光,她～地低下了头。
　　D. 作补语:听了大家的批评,他羞愧得～。
　　E. 近义词:羞愧难当;反义词:恬不知耻、厚颜无耻。

(42) 将近

　　A. ～＋数量词语:～20岁、～1米80;～6点;～1000元。
　　B. ～＋动词:～结束、～完成、～毕业、～结婚、～下课、～下班、～出版、～开始、～开会、～出发、～痊愈、～播出。
　　C. 近义词:接近、即将。

(45) 美妙
　　A. ～的+名词：～的音乐、～的风景、～的歌声、～的诗句、～的艺术、～的青春、～的舞姿、～的身姿。
　　B. 近义词：美好、优美、绝妙；反义词：丑陋、丑恶。

(46) 舒缓
　　A. ～的+名词：～的节奏、～的速度、～的歌声、～的语气、～的语调、～的心情、～的情绪、～的气氛、～的山坡。
　　B. 近义词：缓慢、和缓、缓和、平缓；反义词：急促、急迫、陡峭。

(48) 致命
　　A. ～的+名词：～的打击、～的一击、～的伤害、～的疾病、～的弱点、～的缺陷、～的问题、～的毒药、～的子弹、～的伤口。
　　B. 近义词：要命。

(55) 心烦意乱
　　A. 作谓语：因为找工作的问题，他这几天～。
　　B. 作定语：他不停地在屋子里走来走去，一副～的样子。
　　C. 作状语：我正在～地收拾东西，突然接到了他的短信。
　　D. 近义词：心慌意乱；反义词：心平气和、气定神闲。

(56) 垮
　　A. 倒塌，坍下来：房屋～了、墙～了、桥～了、屋顶～了。
　　　近义词：倒、塌。
　　B. 崩溃，溃败：政权～了、政府～了、公司～了、生意～了、人～了、身体～了、精神～了、心理～了。
　　　近义词：完。

(58) 纷纷扬扬
　　A. 作谓语：雪花～，下了整整一天。
　　B. 作定语：～的树叶飘落下来，铺了一地。
　　C. 作状语：柳絮～地飘来飘去，向人们宣告春天的到来。
　　D. 近义词：飘飘荡荡。

第五课　上天自有安排

(63) 应有尽有
　　A. 作谓语:家里~,什么都不用买了。
　　B. 作定语:商店里~的商品让人眼花缭乱。
　　C. 近义词:一应俱全、无所不有;反义词:一无所有、寥寥无几。

(64) 像模像样
　　A. 作谓语:小王虽然学习的时间不长,但画的牡丹已经~了。
　　B. 作状语:孩子们~地表演起了京剧,让观众们吃惊不小。
　　C. 作补语:经过一个假期,学校的环境被整治得~了。
　　D. 近义词:有模有样。

(73) 投机
　　A. 动词,利用时机谋取私利:政治~、商业~、~商、~取巧。
　　B. 形容词,意见相合,见解一致:朋友~、关系~、谈得~、相处得~。
　　　近义词:投缘、投合;反义词:不合、不和。

(75) 频繁
　　A. ~的+名词:~的考试、~的会议、~的事故、~的地震、~的活动。
　　B. ~(地)+动词:~来访、~更换、~交往、~地往返、~地改变、~地发生、~地生病、~地打扰、~地接触、~地点头。
　　C. 近义词:繁多、频频;反义词:稀少。

(76) 甜蜜
　　A. 形容味道、气味:~的味道、~的气味。
　　B. 比喻愉快、幸福:~的爱情、~的生活、~的家庭、~的日子、~的微笑、~的声音、~的歌声。
　　C. 近义词:甜美、幸福;反义词:苦涩、酸涩、辛酸。

(77) 借故
　　A. ~+动词:~离开、~吵架、~逃学、~缺席、~旷课、~不来、~推辞。
　　B. 借故——借口:

a. "借故"的后面是借故后所做的事情,而"借口"后面是借口的原因:

我不想去参加这个活动,就借故推辞了。

他借口身体不舒服,没有去参加晚会。

她借口太忙,没有去看望生病的朋友。

b. "借口"还可以是名词:找～、(没)有～、以……为～,"借故"没有这个用法。

(79) 筹备

A. ～+名词:～会议、～婚礼、～晚会、～演出、～活动、～资金、～经费、～学费、～物资、～货物、～材料。

B. 近义词:准备、筹办。

二、词语辨析部分(见教材pp.126～130)的异同归纳及补充练习

1. 依赖——依靠

◆ 相同之处:

	依　赖　　依　靠
1. 语义:	都有凭借他人或事物的支持的意思。
2. 词性:	都是动词。

◆ 相异之处:

有差异的方面	依　赖	依　靠
1. 语义轻重:(见例1、2)	偏重。	偏轻。
2. 语义侧重点:(见例3、4、5)	指完全依靠,不能自主或自给。	指借助别人的人或事物来达到目的。
3. 语义项目:(见例6、7)	表示各个事物或现象之间互为条件,不可分离。	没有这个意思。
4. 词性:(见例8、9)	动词。	动词、名词。

【练习】

1. 现在在中国的年轻人中,有一种人被称为"啃老族",指的是那些已经成年,但在经济上还(　　　)于父母的人。

2. 在中国,大部分老年人在失去生活能力后,主要还是要(　　　)子女的照顾。

3. 市长因为犯法而被抓起来以后,他在政治上就失去了(　　　)。
4. 在大自然中,各种动植物都是互相(　　　)而生存的。
5. 父母对孩子的过度照顾不利于培养孩子的独立生活能力,而只会使他们的(　　　)性越来越强。

2. 营造——营建

◆ 相同之处:

	营造　营建
1. 语义:	都有经营建造的意思。
2. 词性:	都是动词。

◆ 相异之处:

有差异的方面	营造	营建
1. 对象:(见例1、2、3)	广泛,既指建筑工程,还指森林。	较窄,主要用于建筑工程。
2. 语义:(见例4、5)	可以用于有目的地制造气氛。	没有这个意思。

【练习】

1. 为了防风固沙,中国政府早在十年以前就开始(　　　)三北防护林,现在已经初见成效。
2. 工人们正在搬运建筑材料,准备在花园的中心(　　　)一座民族风格的建筑物。
3. 在举行婚礼的过程中,很多人喜欢燃放爆竹,来(　　　)欢乐的气氛。
4. 爸爸妈妈用勤劳的双手为孩子们(　　　)了一个幸福温暖的家。
5. 近年来,为了吸引外资,中国政府出台了一系列的政策和措施,改善投资环境,(　　　)了一个良好的合作氛围。

3. 指点——指示

◆ 相同之处:

	指点　指示
1. 语义:	都有给人指明方向、方法的意思。
2. 词性:	都是动词。

◆ 相异之处：

有差异的方面	指点	指示
1.语义侧重点和程度深浅:(见例1、2、3、4、5)	指出来使人知道；程度浅。	指明处理问题的原则和方法,语义庄重,程度深。
2.语义:(见例6)	指在一旁或背后说别人的缺点或错误。	没有这个意思。
3.词性:(见例7、8)	动词。	动词、名词。
4.重叠:(见例9、10)	指点指点、指指点点。	一般不重叠。

【练习】

1. 这是我的论文初稿,请老师给我(　　　)。
2. 听到背后有人对自己(　　　)的,老王嗤之以鼻,毫不理会。
3. 领导(　　　)我们一定要搞好市场调查,为新产品的开发做好准备。
4. 我初来乍到,对什么都不了解,今后还请各位多多(　　　)。
5. 这是校长的(　　　),我们必须遵照落实,丝毫马虎不得。

4. 敏捷——灵敏

◆ 相同之处：

	敏捷　　灵敏
1.语义：	都有迅速灵巧的意思。
2.词性：	都是形容词。

◆ 相异之处：

有差异的方面	敏捷	灵敏
1.语义侧重点:(见例1、2、3、4)	用于思维、行动。	用于思维、行动、感觉。
2.语义:(见例5、6、7)	没有这个意思。	指对极微弱的信号迅速做出反应。

【练习】

1. 灾害现场,搜救犬利用它们(　　　)的嗅觉挽救了一个又一个生命。
2. 参加这样的智力竞赛要求选手必须有一个(　　　)的头脑。

3. 这个火灾报警器非常(　　　),只要有一点烟雾它就会作出反应。

4. 这位功夫大师身手(　　　),武艺高强,在武林中所向无敌,谁也不是他的对手。

5. 这位老寿星已经九十高龄了,但耳朵还非常(　　　)。

5.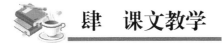

◆ 相同之处：

	延　伸　　　延　长
1.语义：	都有向长的方面发展的意思。
2.词性：	都是动词。

◆ 相异之处：

有差异的方面	延　伸	延　长
1.语义侧重点:(见例1、2、3、4)	侧重于向长的方面伸展,着眼于距离和范围。	主要指延长距离和时间。
2.搭配:(见例5、6、7)	范围窄,只能用于物。	范围广,既可以用于人,也可以用于物。

【练习】

1. 我打算(　　　)在北大的学习时间。

2. 道路蜿蜒曲折地向前(　　　),一直通到我家的门口。

3. 为了(　　　)患者的生命,医生采取了一切可以采取的措施。

4. 沙漠在不断地向四面(　　　),吞噬了大片的绿地和森林,我们必须采取措施遏制这种现象的发展。

5. 考试期间,图书馆晚自习的时间(　　　)到晚上12点。

肆　课文教学

一、课文教学说明(课文见教材 pp.115～121)

1. 关于文体:本文是一篇短篇小说。

2. 关于内容:本文讲述的是一个爱情故事。理解这篇课文的关键,是要在准确读懂故事内容,包括每一个细节的基础上,跳出课文故事本身,从更广泛、更深刻的层次上去思考作者对人生的理解和故事的普遍意义。

对于一篇短篇小说来说,本文的篇幅不算长,但却包容了丰满生动的人物形象和曲折变幻、出人意料的故事情节,这是它第一个吸引人的地方。

其次,小说中的人物形象具有普遍意义。作者在小说中精心塑造了周健和小刘两个人物形象,这两个人物是生活中极普通的人,但他们内向、懦弱、自卑、犹豫不决的个性特点却很富有普遍性,值得人们深思。

第三,小说中的故事是个悲剧。作者通过这个悲剧性的结局告诉我们,"性格决定命运";而每个人的性格中其实都存在着弱点,这些弱点在不知不觉地、或多或少地影响着我们的人生,我们应该努力克服自己的弱点,不断完善自己的个性,最大可能地避免性格带来的人生悲剧。

第四,小说的题目寓意深远,耐人寻味。读完课文后,可以引导学生思考:"上天"是指什么?周健和小刘的命运是"上天"安排的吗?作者是一个宿命论者吗?讨论这些问题有助于学生跳出故事本身,加深对课文内容的理解和思考。

三．关于语言:本文采用平实简洁的语言叙述故事,没有过多的渲染和描写,也没有作者观点的直接表白和对人物的评述,但却将深刻的寓意和丰富的内涵蕴藏在其中。

二、课文内容提问

1. 周健是如何与女医生认识并结婚的?他为什么选择这位女医生?
2. 周健的同事们为什么认为他的"眼光挺高"?而实际情况是怎么样的?
3. 小刘的到来使周健产生了什么变化?
4. 周健和小刘表面上保持着什么关系?
5. 周健的泰戈尔诗集已经尘封好久了,你认为他为什么会把它又翻出来?又为什么会觉得不错?
6. 是什么促使周健认真考虑发展自己和小刘的关系?
7. 周健安排生日晚会的真正目的是什么?
8. 周健生日晚会的气氛怎么样?
9. "还和不还都是一样的",这句话的意味深长表现在什么地方?
10. 周健和小刘的默契表现在什么地方?
11. 周健打算和小刘约会,他是怎么做的?
12. 写字条的时候和当小刘要看字条时,周健的心情是怎么样的?
13. 周健是如何为迎接小刘的到来而作准备的?
14. 小刘迟迟没有来到,周健的心情是怎么样的?

15. 最后周健等来的是谁？他此时的心情是什么样的？
16. 周健为什么觉得那个同学"来得真是时候"？
17. 老同学今天为什么来周健家？
18. 周健为什么那么急于要去见那个女人？请分析一下他此时的心理。
19. 周健与那个女医生见面的情况怎么样？
20. 在周健和小刘这次没有成功的约会之后，他们俩的心理和见面时的情形是怎么样的？
21. 周健与女医生谈恋爱时小刘有什么表现？分析一下她的心理状态。
22. 如何理解周健说的"就像谈恋爱一样"这句话的意思？
23. 听到周健要结婚的消息，同事们有什么反应？
24. 周健举行婚礼那天发生了什么？

三、教学活动建议

1. 给这个故事设计一个结尾，先在分组讨论时说一说，然后写成文字。
2. 分组讨论，一组一个问题，然后进行总结：
    A. 请你分析一下周健和小刘各自不同的性格，以及这种性格对他们的影响。
    B. 周健和小刘表达爱情的方式与现代青年人有很大差别。对此你怎么评价？
    C. 在你看来，性格是怎样形成的？可以改变吗？怎样来改变？
    D. "什么人什么命"这句话的具体意思是什么？你对它有什么看法？
3. 把这个故事讲给三个中国人和三个外国人听，总结并分析他们听了以后的反应和看法。

伍 参考答案

一、词语辨析补充练习(见使用手册 pp.94～97)参考答案

1. 依赖——依靠
    ① 依赖　② 依靠　③ 依靠　④ 依赖　⑤ 依赖
2. 营造——营建
    ① 营造　② 营建/营造　③ 营造　④ 营造　⑤ 营造

3. 指点——指示

　　①指点指点　②指点　　③指示　　④指点　　⑤指示

4. 敏捷——灵敏

　　①灵敏　　②敏捷/灵敏　③灵敏　　④敏捷　　⑤灵敏

5. 延伸——延长

　　①延长　　②延伸　　③延长　　④延伸　　⑤延长

二、语言点练习（见教材 pp.130～134）参考答案

1. 给……以……

   【练习】用"给……以……"完成句子

   (1) 他的勤劳勇敢给观众们以深刻的印象。

   (2) 这次失败给球队以沉痛的教训。

   (3) 这次高考落榜给小陈以沉重的打击，他从此失去了自信心。

   (4) 我的父母和家庭环境给我以很大的影响。

2. 纯属

   【练习】选用上面的词语完成句子

   (1) 这条新闻完全没有根据，纯属捏造/无稽之谈。

   (2) 那个被告在法庭上说的话纯属狡辩/谎言，其目的无非是掩盖自己的罪行。

   (3) 本片纯属虚构，如果电影里的情节与某人的情况一致，那纯属巧合。

   (4) 这件事纯属误会，希望你们双方尽快坐到一起谈一谈，消除彼此间的误解。

3. 急于

   【练习】用"急于"完成句子

   (1) 做事情要一步一步地来，不能急于求成。

   (2) 开会时，他总是想好了再说，不急于发表意见。

   (3) 因为急于回家看望父母，我买了半夜上车的火车票。

   (4) 那个姑娘急于结婚，就自动降低了自己的择偶标准。

4. 至于

【练习】完成句子或对话(1-2题用"不至于")

(1) 他眼睛近视,但这么大的字还不至于看不见。
(2) A:他俩最近在一起的时间明显减少了,不会分手了吧?
    B:我看不至于吧,他们俩挺合得来的。
(3) 不就是一次普通的小测验吗? 至于这么紧张吗?
(4) 要是早点去医院看医生,哪至于病成这样?
(5) 当初要是及时采取必要的措施,公司何至于破产呢?

5. 予以

【练习】选用上面的例子完成句子

(1) 群众要求对这家企业破产的真相予以调查。
(2) 在大会上,校领导对他所做的一切予以肯定/表扬/高度评价。
(3) 这家公司决定对女子足球的发展予以支持。
(4) 市政府表示:对于本市存在的一些交通问题,将努力予以解决。
(5) 总编明确表明,对每条新闻都必须先予以核实,再发表。

三、部分"综合练习"(见教材 pp.134～138)参考答案

Ⅰ 词语练习

一、填入合适的名词

(一) 俗不可耐的(剧情)　　恰当不过的(评价)
　　 尘封已久的(书籍)　　纷纷扬扬的(雪花)
　　 花花绿绿的(颜色)　　空无一人的(房间)
　　 致命的(因素)　　　　确定的(答案)

(二) 庆贺(节日)　　讲解(内容)　　浏览(报纸)
　　 落实(政策)　　播放(节目)　　筹备(会议)

二、填入合适的形容词

(浓密)的羽毛　　(潦草)的字迹　　(优美)的乐曲
(纷乱)的思绪　　(重大)的使命　　(众多)的来宾

三、选择合适的动词填空
1. 焕发　　2. 庆贺　　3. 陶醉　　4. 降临　　5. 劝阻
6. 营造　　7. 浏览　　8. 抚摸　　9. 筹备　　10. 躲避

四、写出下列词语的近义词或反义词
（一）写出近义词
印证——证明／证实　　　　庆贺——祝贺／庆祝
竭力——尽力／极力　　　　讲解——解释／解说
察觉——发觉／觉察／发现　顺道——顺路

（二）写出反义词
回绝——接受／答应　　俗——雅
依赖——自立／独立　　以往——将来
微妙——简单／明白　　潦草——工整／整齐

五、选词填空
1. 指示　　2. 依靠　　3. 延长　　4. 依赖　　5. 指点
6. 营造　　7. 延伸　　8. 营建　　9. 灵敏　　10. 敏捷

六、解释句中画线词语的意思
1. A　　2. B　　3. C　　4. A　　5. B

七、选择正确的答案
1. B　2. B　3. A　4. C　5. B　6. A　7. A　8. B

八、选词填空，并模仿造句
1. 心烦意乱　　2. 俗不可耐　　3. 应有尽有　　4. 无地自容；
5. 不由自主　　6. 喜气洋洋　　7. 空无一人　　8. 意味深长

II 课文理解练习

一、根据课文内容判断正误
1. ×　2. √　3. √　4. √　5. ×　6. ×
7. √　8. ×　9. √　10. ×　11. √

四、部分"阅读与理解"（见教材 p.140）参考答案
（一）根据文章内容判断正误
1. A　2. C　3. B　4. B
5. A　6. A　7. C　8. C

陆 文化知识点补充说明

泰戈尔简介

泰戈尔（Rabindranath Tagore,1861—1941），印度伟大的诗人、作家、艺术家、社会活动家，是印度现代文化史上最出类拔萃和最有影响的人物。

1913年，泰戈尔的宗教抒情诗集《吉檀迦利》（Gitanjali）荣获诺贝尔文学奖，成为亚洲第一位获此殊荣的作家。这部作品受到高度评价，被认为"富于高贵、深远的灵感，以英语的形式发挥其诗才，并糅合了西欧文学的美丽与清新"。这部诗集最大的成功在于对自由的深切倾诉和对祖国的挚爱真情的抒发。

泰戈尔1861年5月7日生于西孟加拉邦加尔各答市的一个商人兼地主的家庭。他的家庭属于婆罗门种姓，祖父和父亲都是当时的社会活动家，支持社会改革。泰戈尔进过东方学院、师范学校和孟加拉学院，但没有完成正规学习。他的知识主要来自父兄的教诲、家庭教师的耳提面命以及自己的好学。他13岁开始诗歌创作，14岁就发表了爱国诗篇《献给印度教徒庙会》。1878年，他遵从父兄的意愿赴英国留学，最初学习法律，后转入伦敦大学学习英国文学，研究西方音乐。1880年回国，专门从事文学创作。1901年，他在孟加拉博尔普尔附近的圣地尼克坦创办学校，这所学校于1921年发展成为以交流亚洲文化为主的国际性大学。

1905年后印度的民族解放运动进入高潮，当时孟加拉和全印度人民都反对分割孟加拉的决定，形成了轰轰烈烈反帝爱国运动。泰戈尔积极投身到运动中去，写出大量爱国诗篇。但他不赞成群众焚烧英国货物、辱骂英国人的行动，而主张多做"建设性"的事情，如到农村去发展工业、消灭贫困愚昧等，并因此而同其他领袖发生意见分歧，于1907年退出运动回到圣地尼克坦，过起了隐居生活，埋头创作。1913年，他因英文版《吉檀迦利》荣获诺贝尔文学奖，从此闻名世界文坛。加尔各答大学授予他博士学位，英国政府授予他爵士封号。

　　1914年第一次世界大战爆发后，泰戈尔先后10余次远涉重洋，访问了几十个国家和地区，传播和平友谊，从事文化交流。1919年，印度发生英国军队开枪打死1000多印度平民的阿姆利则惨案，泰戈尔声明放弃英国爵士称号，以示抗议。1930年，他访问苏联，写作了《俄国书简》。他谴责意大利法西斯侵略埃塞俄比亚，支持西班牙共和国政府，反对法西斯头子佛朗哥。第二次世界大战爆发后，他写文章斥责希特勒的不义行径。他抱着强烈的社会责任感，始终关心着世界的政治和人民的命运，支持人类的正义事业。

　　泰戈尔在长达近70年的创作生涯中，共写了50多部诗集，12部中长篇小说，100余篇短篇小说，20多部剧本，以及大量关于文学、哲学、政治方面的论著，还创作了1500余幅画和2000余首歌曲，其中的1首成为印度国歌。1941年4月，他写下最后遗言、有名的《文明的危机》，反对英国殖民统治，表达了对民族独立的坚定信念。

　　泰戈尔与中国的关系非常密切，他一直特别重视印中两国人民的团结友好合作关系。1881年，他写了《死亡的贸易》一文，谴责英国向中国倾销鸦片、毒害中国人民的罪行。1916年，他在日本发表谈话，抨击日本军国主义侵略中国的行为。1924年，他访问中国，回国发表了《在中国的谈话》。1937年，日本帝国主义发动侵华战争以后，他屡次发表公开信、谈话和诗篇，斥责日本帝国主义，同情和支持中国人民的正义斗争。中国作家郭沫若、郑振铎、冰心、徐志摩等人早期的创作，大多受过他的影响。他的作品早在1915年就已被介绍到中国。近一百年来中国出版了大量泰戈尔作品的中译本和评介著作。1961年，为纪念他的百岁诞辰，人民文学出版社出版了10卷本《泰戈尔作品集》。

第六课　球迷种种

壹　背景材料

一、方方,原名汪芳,女,1955生于南京,1957年随父母迁至武汉。

二、方方1978年考入武汉大学中文系。毕业后到湖北电视台任编辑,1989年调作协湖北分会从事专业创作。曾任《今日名流》杂志总编辑,在2007年9月22日闭幕的湖北省作家协会第五次代表大会上当选为省作协主席。

三、方方从1976年开始发表诗歌,1982年始发小说。现已出版小说、散文集约六十余部。不少小说被译为英、法、日、意、葡、韩等文字在国外出版。主要代表作有《大篷车上》、《十八岁进行曲》、《江那一岸》、《一唱三叹》、《行云流水》、《祖父在父亲心中》、《桃花灿烂》、《春天来到昙华林》等。

四、《球迷种种》选自浙江文艺出版社出版的《方方散文》。

贰 教学目标与步骤

一、教学目标

语　言	内　容	文　化
1. 理解并运用本课的重点词语（见"重点词语讲解"）。 2. 掌握词语辨析： 　（1）破裂—分裂 　（2）相干—相关 　（3）激烈—剧烈—强烈—猛烈 　（4）兴致—兴趣 3. 掌握语言点： 　（1）多半 　（2）有所 　（3）诸如此类 　（4）且不说 　（5）私下里 　（6）一一	1. 通读全文，准确理解文章内容和作者所要表达的思想观点。 2. 充分理解文章中的调侃和幽默感，准确把握作者的感情倾向，并分析这些内容对形成文章的风格起了什么作用。 3. 通过文章内容，思考足球所包含的文化，以及通过它所表现出来的社会和心理特点。 4. 关注体育对社会和人生的影响。	1. 了解关于足球的起源、发展、比赛规则、世界主要赛事、著名球星等足球文化。 2. 了解、分析球迷们热爱足球的外在和内在原因。 3. 了解鲁迅小说《祝福》及其中的主人公祥林嫂的情况。

二、教学步骤

1. 导入。介绍课文内容及背景。
2. 词语 1～44。词语辨析 1～2。
3. 第一部分课文(到"惹上他还能不疯狂")。注释 1～2。语言点 1～5。
4. 词语 45～84。词语辨析 3～4。
5. 第二部分课文。注释 3～6。语言点 6。
6. 做"综合练习"。
7. 阅读与理解。

三、建议课时：7～8 课时。

叁　词语教学

一、重点词语讲解(词语见教材 pp.145～148)

(1) 热火朝天

A. 作谓语:体育馆里～。运动场上～。
B. 作定语:～的场面、～的气氛。
C. 作状语:车间里,工人们正～地干着活儿。
D. 作补语:忙得～、干得～、玩得～、踢球踢得～。
E. 近义词:热气腾腾。

(11) 满腹怅然

A. 作谓语:提升职位的名单公布了,这次又没有自己,老方～。
B. 作定语:看到丈夫～的样子,她就知道他今天在公司里一定碰到了不如意的事。
C. 作状语:今天被领导数落了一顿,老王～地回到了家里。
D. 近义词:愁眉苦脸;反义词:欢天喜地、眉开眼笑、喜气洋洋。

(12) 烦

A. 动词:三岁的儿子再怎么闹妈妈也不会～他。她～做饭了,于是决定出去吃。
B. 形容词:因为工作不太顺利,最近他有点～。

(13) 痴迷

A. ～于……:老刘退休后,～于京剧,只要有好一点的京剧节目就一定要看。
B. 对……(很、非常、十分)～:很多男人对足球十分～。
C. 近义词:沉迷、迷恋。

(14) 正经

A. 正式的:～的名牌、～的医院、～的文物、～的理由、～的职业。
B. 正派的:他是个～人,没见他干过什么不好的事。这个人不～,你最好离他远点儿。
C. 严肃认真:～的态度、～的想法、～的样子、～话、一本～。

(17) 波动
  A. 名词+~:河水~、情绪~、感情~、成绩~、价格~、质量~、气温~。
  B. 动词+~:产生~、出现~、开始~、引起~、停止~。
  C. 副词/形容词+~:不停地~、持续~、大的~、小的~。
  D. 近义词:动荡;反义词:平静、稳定。

(18) 功利
  A. 通常含贬义。
  B. ~的+名词:~的做法、~的想法、~的行为、~的态度、~的心理。
  C. 固定搭配:~心、~化、~主义、~目的、追求~。

(20) 天生
  A. ~的+名词(结构):~的音乐大师、~的画家、~的一对儿。
  B. ~+形容词/动词结构:~聪明、~迟钝、~胆小、~爱美、~喜爱学习语言、~擅长音乐、~是个艺术家。
  C. 近义词:先天;反义词:后天。

(24) 要命
  A. ~的+名词:~的天气、~的疾病、~的事情、~的大雨、~的病毒。
  B. 程度副词+~:这天气太~了。这人真~。
  C. 形容词+得+~:冷得~、热得~、饿得~、烦得~、累得~、紧张得~。

(26) 放声
  A. ~(地)+动词:~大喊、~大叫、~大哭、~大笑、~歌唱、~痛哭、~喊叫。
  B. 近义词:大声;反义词:小声、低声、轻声。

(28) 莫大
  A. ~的+名词:~的宇宙、~的世界、~的力量、~的动力、~的荣誉、~的耻辱、~的幸福、~的快乐、~的玩笑。

B. 不能受"很"、"非常"等程度副词修饰。

C. 近义词:极大、巨大;反义词:极小、微小。

(30) 次要

A. ~(的)+名词:~人物、~方面、~因素、~责任、~问题、~矛盾。

B. 反义词:主要、重要、首要。

(33) 番

A. 一/这/那/几~+名词:这~话、一~劝告、费了几~周折、一~滋味。

B. 动词+一~:说一~、写一~、表演一~、收拾一~、观察一~、考察一~、打量一~、整理一~。

C. 固定搭配:二~五次、几次三~。

(35) 下意识

A. ~地+动词结构:~地看了他一眼、~地摸了一下鼻子、~地扭过头去。

B. ~里:~里他是喜欢那个女孩的。在他的~里,认为婚姻都是命运安排的。

C. 近义词:潜意识。

(44) 极端

A. 通常含贬义。

B. 名词:走~。

C. ~+形容词:~自私、~固执、~苦恼、~模糊、~混乱、~庸俗。

D. ~的+名词:~的行为、~的观点、~的思想、~的做法。

E. 固定搭配:~主义、~分子、~组织。

F. 近义词:过分;反义词:中庸、中道、适中。

(45) 附庸风雅

A. 作谓语:他不懂园林艺术,却偏要~,在自家后院营造了一个俗不可耐的"陶醉园"。

B.作定语:他们找到一个～的商人,希望能说服他投资这部艺术片。

(49) 出类拔萃
　　A.作谓语:天下的父母大多都希望自己的孩子能够～。
　　B.作定语:贝多芬是一位～的音乐家。
　　C.反义词:平平庸庸。

(50) 红火
　　A.常与商业、生活相关的词搭配:生意很～、日子过得很～、～的商业街、～的生活、～的市场。
　　C.重叠:红红火火。
　　D.近义词:兴旺、兴隆、热闹;反义词:冷清、清淡。

(52) 花团锦簇
　　A.做谓语:节日的街头～。
　　B.作定语:走进～的公园,沉浸在浓郁的花香中,她发现自己不再心烦意乱了。
　　C.作补语:过节了!村子里的姑娘们都打扮得～的。大家把主席台布置得～。

(53) 战略—(54) 战术
　　A.战略:指导战争、比赛等的总体计划和策略。例如:足球比赛中的战略有进攻、防守、防守反击等几种。
　　B.战术:进行战斗、比赛等的具体方法。例如:确定了防守反击的战略以后,教练开始布置具体的战术,指导队员们如何配合、跑动等。

(55) 凡是
　　A.～＋名词/名词结构＋都……:～参加这次活动的学生都要写一篇报告。追星族对于～偶像的事情都十分关心。
　　B.～＋名词/名词结构＋总……:～老板亲自指示他去做的事,他总是做得很好。～新生的事物,总有一些缺点。

(60) 壮阔
　　A. 规模～、景色～、行文～、气势～、波澜～、～的江河、～的大海、～的高山、十分～。
　　B. 近义词：壮观、宏伟、宏大。

(61) 来劲
　　A. 使人振奋：看着大家都在兴奋地呐喊，他也～了。
　　B. 有劲头儿：妹妹越说越～，别人都没有插话的机会。他玩游戏越玩越～，到了痴迷的程度。他俩在一起玩得特～。这雨怎么越下越～了？
　　C. 反义词：没劲。

(62) 爆发
　　A. 名词＋～：战争～、火山～、疾病～、矛盾～、革命～、游行～、运动～、争论～、危机～。
　　B. 近义词：突发、发生。
　　C. 固定搭配：～力。

(63) 局势
　　A. 名词＋(的)＋～：政治～、经济～、国家的～、战争的～。
　　B. 动词＋～：了解～、观察～、控制～、影响～、分析～、左右～。
　　C. 形容词＋～：安定的～、混乱的～、复杂的～、紧张的～、危险的～。
　　D. 近义词：局面、形势。

(66) 狂热
　　A. ～＋名词：～的歌迷、～的球迷、～的追星族、～的革命者、～的股民、～的聚会、～的年代。
　　B. 近义词：疯狂、热情；反义词：冷静、理智。
　　C. 固定搭配：～分子、～心理、～期。

(67) 寄托
　　A. ～＋名词：～感情、～情谊、～心意、～思念、～怀念、～乡愁、～哀思、～希望、～理想。

B. 把……～在……:把感情～在工作上、把理想～在孩子身上、把希望～在别人身上。

(68) 错过

A. ～＋名词(结构):～机会、～时机、～时间、～季节、～班车、～适婚的年龄、～一场精彩的音乐会。

B. 近义词:失去、错失;反义词:得到。

(70) 一无所长

A. 作谓语:他这个人～。

B. 作定语:他开始讨厌～的自己,下决心要学点本事。

C. 一无＋……:一无所有、一无所知、一无所获。

(71) 不甘

A. ～＋动词(结构):～放弃、～失败、～错过、～落后、～示弱、～寂寞、～平庸、～受欺负、～被别人遗忘。

B. 反义词:甘心、甘愿、甘于。

C. 固定搭配:不甘心、心有～。

(75) 加倍

A. 名词＋～:数量～、产量～、工资～、价格～。

B. ～＋(地)＋动词:～努力、～报答、～回报、～偿还、～提高、～小心、～警惕、～地喜爱、～地讨厌。

C. 近义词:更加。

(78) 纸上谈兵

A. 作谓语:咱们别～了,开始行动吧!

B. 作宾语:职场上切忌～,要拿出真本事才行。

C. 纸上谈兵的故事:战国时期,赵国大将赵奢有一个儿子叫赵括,赵括从小熟读兵书,爱谈军事,别人往往说不过他,赵括因此很骄傲。然而赵奢却很替他担忧,认为他不过是纸上谈兵。果然,在后来的一次与秦军的战斗中,赵括根本不知道怎么指挥军队,只会死搬兵书上的条文,结果惨败,他自己也死了。

(80) 列举

A. ~＋名词：~例子、~数字、~材料、~书目、~情况、~观点、~罪行、~人名。

B. 副词/形容词＋~：一一~、详细~、大致~、大量~、反复~、清楚~。

C. 近义词：罗列。

(83) 形形色色

A. 作定语：~的人、~的事、~的上班族、~的房子、~的食品、~的赛车、~的酒瓶。

B. 近义词：各种各样。

二、词语辨析部分(见教材 pp.149～153)的异同归纳及补充练习

1. 破裂——分裂

◆ 相同之处：

	破　裂　　　分　裂
1. 语义：	都可以指双方关系、感情等不能维系，由好变坏，由合变离。
2. 词性：	都是动词。

◆ 相异之处：

	破　裂	分　裂
1. 语义侧重点：（见例1、2、3、4）	侧重于"破"，指东西出现裂缝，也指关系、感情、谈判等被破坏，不能继续。	侧重于"分"，指整体事物分开。
2. 搭配的对象：（见例5、6、7、8）	杯子、花瓶、会谈、关系、感情、战线等。	政党、组织、民族、群众、队伍、细胞等。
3. 搭配（二）：	不能带宾语。	可以带宾语。

【练习】

1. 随着两国和平谈判的(　　　)，战争的爆发也就不可避免了。
2. 由于政治理念的不同，这个政党已经(　　　)为两个派别。
3. 在中国，很多人申请离婚的理由都是感情(　　　)。
4. 动物和植物的成长都是从细胞(　　　)开始的。

5. 任何（　　）国家和民族的行为都是大家不愿意看到的。

6. 苏联现在已经（　　）为大大小小的好几个国家了。

7. 相处多年的老朋友，由于一件小事而关系（　　）了，真让人痛心。

2. 相干——相关

◆ 相同之处：

	相干　　相关
1. 语义：	都有彼此关联或牵涉的意思。
2. 词性：	都是动词。

◆ 相异之处：

有差异的方面	相干	相关
1. 搭配1：（见例3、4、5）	常用于表示否定意义的句子中，可用于人或事物之间。	多用于肯定句中，主要用于事物之间。
2. 搭配2：（见例6、7、8）	前边常用"毫不"修饰。	前边常用"密切"、"息息"、"紧密"、"直接"等词修饰。
3. 搭配3：（见例9、10）	没有这种用法。	可以作定语修饰名词。

【练习】

1. （　　　　）的资料在网上有很多，你可以自己上网去查一下。

2. 水资源的保护与我们每个人的生活息息（　　　　），所以政府非常重视。

3. 高血压病是一种生活方式病，与你的生活习惯密切（　　　　）。

4. 那个地区虽然离我们比较远，但那里的情况也不能说与我们毫不（　　　　）。

5. 我是负责公司财务的，与新产品的开发基本上不（　　　　）。

第六课　球迷种种

3. **激烈——剧烈——强烈——猛烈**

   ◆ 相同之处：

	激烈　剧烈　强烈　猛烈
1．语义：	都有迅猛、厉害的意思。
2．词性：	都是形容词。

   ◆ 相异之处：

	激烈	剧烈	强烈	猛烈
1．语义侧重点： （例1、2、3、4）	紧张、热烈、尖锐。	急剧、厉害。	有力、程度高、浓度大。	凶猛、快速。
2．搭配：（见P152例）	言论、情绪、搏斗、竞赛、争论、竞争。	变革、冲突、矛盾、药性、运动、疼痛。	光线、色彩、气味、表现、对比、反映、要求。	爆炸、响声、攻击、冲击、炮火、火势、暴风雨、药性。

【练习】

1. 随着强台风的登陆,(　　　)的暴风雨随之而来,摧毁了很多建筑物。
2. 辩论的双方唇枪舌剑,争论得非常(　　　),一个个都面红耳赤了。
3. 八十年代以来,中国社会产生了天翻地覆的(　　　)的变化。
4. 太阳照在雪地上,产生(　　　)的反光,会对人的眼睛造成影响。
5. 比赛场上,运动员们你追我赶,为争夺金牌展开了(　　　)的竞争。
6. 她们两个,一个完全是中式打扮,一个则穿的是非常时尚的服饰,站在一起对比很(　　　)。
7. (　　　)的爆炸声震耳欲聋,附近的人们都惊恐不安地冲到了大街上。

4. **兴致——兴趣**

   ◆ 相同之处：

	兴致　兴趣
1．语义：	都指对某种活动喜好的情绪。
2．词性：	都是名词。

◆ 相异之处：

有差异的方面	兴　致	兴　趣
1. 语义侧重点：（见例1、2）	范围窄，指某一时对某一喜好的程度高低。	指较长时间的、涉及一个方面或多方面的。
2. 搭配1：（见例3、4、5、6）	与"浓"、"高"等搭配。	与"广泛"、"浓厚"等搭配。
3. 搭配2：（见例7）	兴致勃勃。	没有这种搭配。
4. 语体：	书面语。	口语、书面语。

【练习】

1. 听说北大的赛克勒博物馆收藏了很多珍贵文物，我（　　　）勃勃地前去参观。
2. 他是个（　　　）广泛的人，运动、音乐、绘画、电脑什么都能来几下。
3. 孩子们（　　　）正高，一个个又唱又跳，天真可爱。
4. 有时候（　　　）是可以培养的。这与家庭环境有密切的关系。
5. 最近小王对书法产生了浓厚的（　　　），一天到晚不是读帖就是练字。

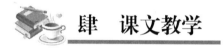 肆　课文教学

一、课文教学说明(课文见教材 pp.141～144)

1. 关于文体：本文是一篇叙述议论结合的小品文。

2. 关于内容：足球一直是当代社会的热门话题。本文以球迷为话题，用调侃的语气叙述了五种类型的球迷的不同特点，深入分析了这五种球迷的心理状态和行为表现，并由此反映出足球与人生、与社会的关系，这是最值得读者深思的地方，也是值得进行深入讨论的地方。虽然作者的语气是调侃的，甚至有的地方可以说是辛辣的，但文章的总体基调却是和善的、宽容的、幽默的。

作者对球迷的分类也是颇有特色的。她选取了一个新颖的角度，从人的不同心理和性格出发来给球迷进行分类，可以让读者对球迷产生更深入的了解，也给人耳目一新的感觉。虽然作者的分类没有穷尽，分类的标准也不是无懈可击，但却给人留下了思考和想象的余地，这也是可以在课堂上展开的地方。

3. 关于语言：本文在语言上最大的特点就是用调侃的语气营造出一种轻松、幽默的风格。文章的语言有的地方平和，让人点头称是；有的地方幽默，让人忍俊不禁；有的地方辛辣，让人觉得过瘾而又深刻，读来趣味横生。特别是作者非常善于把一些词组或短句连起来运用，有意让句子变长，改变了传统的运用语言的方法，读起来让人有急促之感，产生了一种特殊的节奏感，也起到了强化内容和感情的作用。

二、课文内容提问

1. 作者为什么觉得球迷是世上最"有趣的一群人"？这群人有些什么表现？
2. 文章的第一段在语言上采用了什么样的写作方法？你觉得这样写好不好？有什么作用？
3. "正是因为没有什么功利，大家才都说球迷最可爱。"请你联系第一段的内容，具体分析一下这句话的意思。
4. 第一种类型的球迷有什么特点？他们为什么喜欢足球？
5. 为什么作者说第一种球迷是"安全型球迷"？
6. 作者把第二种类型的球迷称为什么？这一类球迷为什么把球场作为宣泄情绪的地方？
7. 从行为上看，第二种球迷与第一种球迷相比有什么不同？
8. 说说第三种球迷的情况。（他们是一些什么人、有什么爱好、为什么喜欢足球、他们对足球的了解如何等等）
9. 作者为什么说第三种球迷的爱好根本不是足球？
10. 第四种球迷有着什么样的心理特点？他们成为球迷的原因是什么？
11. 第五种球迷有什么特点？他们喜欢足球的原因是什么？
12. 从文章的最后一段来看，作者对球迷的总体态度是肯定的还是否定的？

三、教学活动建议

1. 提前布置学生寻找关于足球的起源、发展、比赛规则、世界主要赛事、著名球星等信息，并在班里报告。
2. 小调查：调查周围的十个人，了解他们对足球的不同态度，作出简单的归纳总结，在班里报告。
3. 分组讨论，一组一个问题，然后进行总结：
   A. 除了本文列举的这些球迷的类型以外，还有别的类型的球迷吗？具体说明他们的情况。

B. 你比较认同哪种类型的球迷？对哪种比较反感？为什么？

C. 介绍你们国家最受欢迎的运动，以及人们喜欢这项运动的情况。

D. 你自己是"追星"一族吗？你对"追星"现象有什么看法？

伍 参考答案

一、词语辨析补充练习(见使用手册pp.113～116)参考答案

1. 破裂——分裂

　①破裂　　②分裂　　③破裂　　④分裂

　⑤分裂　　⑥分裂　　⑦破裂

2. 相干——相关

　①相关　　②相关　　③相关　　④相干　　⑤相干

3. 激烈——剧烈——强烈——猛烈

　①猛烈　　②激烈　　③剧烈　　④强烈　　⑤激烈

　⑥强烈　　⑦猛烈

4. 兴致——兴趣

　①兴致　　②兴趣　　③兴致　　④兴趣　　⑤兴趣

二、语言点练习(见教材pp.153～157)参考答案

1. 多半

【练习】用"多半"完成句子

(1) 下午<u>多半会下雨</u>，你最好带把伞。

(2) 碰到不开心的事情，<u>我多半会去找好朋友倾诉一番</u>，很少一个人憋在心里。

(3) <u>我的衣服多半是我自己买的</u>，也有一小部分是妈妈买的。

(4) 我五音不全，你们让我来给大家唱首歌，我<u>不仅唱不好</u>，倒<u>多半会把观众都吓跑了</u>。

2. 有所

【练习】选用上面例子中的词语完成句子

(1) 加大产品的广告力度以后，<u>产品的销售量有所增长</u>。

(2) 改变学习方法以后，<u>小王的学习成绩有所提高</u>。

(3) 每个人都各有所长,对于善于学习的人来说,谁都可以成为自己的老师。

(4) 俗话说:有所不为才能有所为。如果你什么事都想干,结果就是什么事都干不好。

(5) 在赌场上输光了的人,总是有所不甘,总想再回到赌场里把钱捞回来。

3. 诸如此类

【练习】用"诸如此类"完成句子或对话

(1) A:你每天都干些什么?
B:学生嘛,每天的生活无非是上课、泡图书馆、做作业,诸如此类。

(2) A:在你看来,哪些是人生中重要的事?
B:在我看来,健康、家人、工作诸如此类的事情都是人生中重要的事情。

(3) A:在你的国家,一般人眼里的好职业有哪些?
B:医生、律师、金融家,诸如此类的职业在我们国家被认为是好职业。

(4) 中国菜有很多种,比如川菜、鲁菜、粤菜、苏菜诸如此类的。

4. 且不说

【练习】用"且不说"完成句子

(1) 且不说平时他每天都去上班,就是周末他都不肯休息。

(2) 且不说现代汉语,连古代汉语他都很精通。

(3) 你果真打算买这儿的房子吗?依我看,且不说这房子价格贵,单是停车位不足这一点,就值得好好考虑。

(4) 男女不平等是一个现实问题,且不说在社会上,单是在家庭里也有这种现象存在。

5. 私下里

【练习】用"私下里"完成句子

(1) 在工作场合他们保持着合适的距离,但私下里是一对情侣。

(2) 在同学们面前时他总是文质彬彬的,但私下里却常常发脾气。

(3) 那位主持人在电视上总是说这也好那也好,私下里却牢骚满腹。

(4) 那对夫妻私下里商量好了,无论如何都不能当着孩子的面争吵。

6. 一一

【练习】用"一一"完成句子

(1) 在时装发布会上,模特们一一上台亮相。

(2) 这是我们的旅客登记本。本店居住的旅客,都要一一登记,以备查访。

(3) 开学的第一天,同学们一一作了自我介绍,很快大家就互相认识了。

(4) 因为各地的情况大抵相同,我在这里就不再一一介绍了。

三、部分"综合练习"(见教材 pp.158～164)参考答案

I 词语练习

一、填入合适的名词

(关系)破裂　　(价格)波动　　(时间)有限
宣泄(情绪)　　挥动(手臂)　　爆发(战争)
包容(缺点)　　错过(机会)　　列举(事例)
莫大的(荣誉)　次要的(问题)　狂热的(球迷)

二、填入合适的动词

放声(歌唱)　　纵情(欢笑)　　加倍(努力)
(寻找)支点　　(扭转)局势　　(增加)魅力
(追求)功利　　(制造)氛围　　(制定)战术
(重视)情谊　　(产生)兴致　　(增加)篇幅

三、选择合适的动词填空

1. 要命　　2. 挥动、欢呼　　3. 拘留　　4. 庆功　　5. 宣泄
6. 爆发　　7. 寄托　　8. 喝彩　　9. 消遣　　10. 错过
11. 呐喊。

四、写出下列词语的近义词或反义词

(一)写出近义词

看客——观众　　煽动——鼓动　　纵情——尽情
氛围——气氛　　宣泄——发泄　　红火——兴旺
包容——宽容　　激烈——强烈

(二)写出反义词

有限——无限　　次要——重要　　精装——平装
不甘——甘心　　红火——冷清　　狂热——冷静
波动——平稳　　破裂——完好

五、选词填空

1. 分裂　　2. 破裂　　3. 兴致　　4. 兴趣　　5. 相关
6. 相干　　7. 猛烈　　8. 强烈　　9. 剧烈　　10. 激烈。

六、解释句中画线词语的意思

1. A　2. C　3. C　4. A　5. C　6. B　7. A　8. C。

七、选择正确的答案

1. C　2. A　3. C　4. B　5. A　6. C
7. A　8. A　9. C　10. C　11. A

八、在每个空格中填入一个合适的汉字

1. 利　2. 天　3. 围　4. 头　5. 识　6. 私
7. 端　8. 火　9. 资　10. 阵。

九、选词填空,并模仿造句

1. 附庸风雅　2. 出类拔萃　3. 热火朝天　4. 诸如此类
5. 纸上谈兵　6. 花团锦簇　7. 形形色色　8. 一无所长

Ⅱ 课文理解练习

一、根据课文内容判断正误

1. ×　2. √　3. ×　4. ×　5. √
6. √　7. ×　8. √　9. ×　10. ×

四、部分"阅读与理解"(见教材 p.166)参考答案

(一)根据文章内容判断正误

1. ×　2. ×　3. √　4. √　5. ×　6. √
7. √　8. √　9. ×　10. ×　11. √　12. √

陆 文化知识点补充说明

常用的足球术语

1. 足球场 field / pitch
2. 中场 center/cross
3. 边线 side line/ touch line
4. 底线 end line
5. 罚球点 penalty mark
6. 禁区 penalty area
7. 前锋 striker/ forward
8. 前卫 midfielder
9. 中锋 center forward
10. 后卫 full back
11. 清道夫 sweeper
12. 守门员 goalkeeper/ goalie
13. 裁判 referee
14. 替补 substitute/ reserve
15. 球迷 crowd/ fans
16. 主教练 head coach
17. 队长 captain / leader
18. 拉拉队 cheer team
19. 角球 corner ball / corner
20. 球门球 goal kick
21. 手球 handball
22. 头球 header
23. 点球 penalty kick
24. 乌龙球 own goal
25. 帽子戏法 hat-trick
26. 任意球 free kick

27. 射门 shoot

28. 越位 offside

29. 犯规 foul

30. 黄牌警告 yellow card/ caution/ booking

31. 红牌 red card

32. 驱逐出场 sent off

33. 中场休息 half-time interval

34. 加时赛 extra time

35. 伤停补时 injury time

36. 药检 doping test

37. 平局 draw

38. 排名（名次）ranking

39. 金球制,突然死亡法 golden goal / sudden death

40. 半决赛 semi-final

41. 预赛 preliminary match

42. 决赛 final match

43. 筑人墙 set a wall

44. 欧洲足球俱乐部和联赛情况：

1857年,世界上第一个足球俱乐部谢菲尔德俱乐部建立。以后世界各国陆续建立了很多俱乐部。在欧洲,利物浦、皇家马德里、曼联、巴塞罗那、阿森纳、切尔西、拜仁慕尼黑、AC米兰、国际米兰、尤文图斯、多特蒙德、罗马、拉齐奥、波尔图、马赛、里昂、凯尔特人、阿贾克斯、埃因霍温、霍芬海姆等队都是战绩卓著,历史悠久,球迷众多。欧洲俱乐部有冠军杯、联盟杯和超级杯三大联赛。

45. 南美足球俱乐部和洲际比赛情况：

南美的足球俱乐部也颇具影响力，最著名的是博卡青年、河床、圣保罗、桑托斯等队。他们的洲际比赛叫南美解放者杯。

第七课　面　容

壹　背景材料

一、韩少功,当代知名作家,原籍湖南,1953年元旦生于长沙。1968年初中毕业后就到湖南农村务农,在劳动之余写了一些对口词、小演唱、小戏曲等,1974年秋调到县文化馆工作,开始文学创作。

二、韩少功1978年考入湖南师范大学中文系,1979年加入中国作家协会,这时他已有不少作品问世,并引起一定社会反响。《西望茅草地》和《飞过蓝天》分别获1980、1981年全国优秀短篇小说奖。

三、1982年大学毕业后,韩少功先后任湖南省总工会《主人翁》杂志的编辑、副总编。1985年3月他在《作家》上发表《文学的根》一文,提倡文学应植根于民族传统文化的土壤,在文艺界引起了广泛的讨论;6月又发表了中篇小说《爸爸爸》,也引起了一定反响,被视为寻根小说代表作。同年到湖南省作家协会从事专业创作,并当选为中国作家协会理事。

四、1988年,韩少功调到海南省文联任《海南纪实》杂志主编,1990年调任海南省作家协会副主席。目前韩少功在海南主持文人杂志《天涯》,这本杂志被视为是非常具有潜力的新兴刊物。

五、韩少功的作品数量很多,有小说集、散文集、评论集、译著等。他的小说多取材于知识青年生活和农村生活,以思想内容的丰富性与深刻性独树一帜,被翻译成英、法、俄、意等多种外国文字,也因此而获得很多荣誉。2000年,他的《马桥词典》入选海内外专家共同推选的"二十世纪中文小说一百强";

2002年,法国文化部给他颁发了法兰西文艺骑士奖章;同年,又凭《暗示》获第二届"华语文学传媒大奖"年度小说家奖;2007年,他的《山南水北》获得由中国作家协会主办的第四届鲁迅文学奖之全国优秀散文杂文奖。

贰　教学目标与步骤

一、教学目标

语　言	内　容	文　化
1. 理解并运用本课的重点词语（见"重点词语讲解"）。 2. 掌握词语辨析： （1）傲慢—骄傲 （2）宁静—安静 （3）蓦然—突然 （4）深邃—深奥 （5）健壮—健康 3. 掌握语言点： （1）何 （2）顶多 （3）以（貌相人） （4）免不了	1. 流利地朗读全文，准确理解文章的内容和作者的观点。 2. 深入体会面容所表现的丰富内涵，思考面容与人生的关系。 3. 思考面容与性格的关系，以及可否通过改变性格来改变面容。 4. 思考面容与时代之间的内在联系。 5. 总结作者对面容的看法，并提出自己的意见。	1. 具体了解课文中提到的美国前总统林肯、俄国作家契柯夫、印度领袖甘地、魏王曹操等人的情况。 2. 通过"女知青"这个词了解中国当代的历史发展情况。

二、教学步骤

1. 导入。介绍课文内容及背景。
2. 词语1～56。词语辨析1～3。
3. 第一部分课文(到"此乃英雄也！")。注释1～7。语言点1～2。
4. 词语57～117。词语辨析4～5。
5. 第二部分课文。注释8。语言点3～4。
6. 做"综合练习"。

7. 阅读与理解。

三、建议课时:7~8课时。

叁　词语教学

一、重点词语讲解(见教材 pp.170~175)

(1) 具

　　A. 一般前面有副词搭配:独具特色、独具慧眼、初具规模、略具轮廓、颇具特色、颇具大将风度。
　　B. 近义词:有。

(3) 锁定

　　A. 使固定不动:～画面、～瞬间、～场面、～电视频道。
　　B. 最终确定:～某人、～某事物、～罪犯、～目标、～号码、～专业、～比分、～身份。
　　C. 近义词:固定;反义词:变动、改变。

(7) 精确

　　A. ～的+名词:～的刻度、～的计算、～的数目、～的数字、～的语言、～的文字、～的统计、～的描写、～的描述、～的动作、～的分析。
　　B. ～地+动词:～地计算、～地统计、～地记录、～地说出、～地描写。
　　C. 近义词:准确、确切、正确。

(9) 流露

　　A. ～+名词:～感情、～情绪、～表情、～神情、～眼神、～不满、～意思、～思想、～想法、～看法。
　　B. 近义词:显露、透露、表露。反义词:隐藏。

(11) 占据

　　A. ～+名词:～位置、～地方、～城市、～画面、～空间、～中心、～地位、～岗位、～优势、～(某人的)心、～心灵、～大脑。

B. 近义词:占有、占领;反义词:退还、退出。

(12) 焦点
A. 动词+的+~:争论的~、议论的~、关注的~、重视的~、研究的~。
B. 名词+的+~:问题的~、内容的~、手术的~、文章的~、节目的~。
C. 近义词:中心。

(13) 忧郁
A. ~的+名词:~的人、~的面容、~的表情、~的眼神、~的目光、~的性格、~的心情、~的声音、~的歌声。
B. 动词+~:显得~、充满~、增加~、减少~、消除~、忘记~。
C. 近义词:忧愁、郁闷;反义词:开心、快乐。

(17) 清苦
A. ~的+名词:~的日子、~的生活、~的家庭、~的家境。
B. 近义词:贫苦、贫困;反义词:富足、富裕、优裕。

(20) 仁厚
A. 常用搭配:~之心、~之人、心地~、为人~、待人~、~的长者。
B. 近义词:仁慈、厚道、仁爱、仁义、宽厚;反义词:刻薄、苛刻、尖刻。

(22) 千言万语
A. 作主语:~不知道从何说起。~说不尽我们对父母的感谢!
B. 作宾语:我心里有着~,只是不知道从哪里说起。一句温暖的话胜过~。
C. 反义词:三言两语、只言片语、一言半语。

(25) 袭
A. 侵入、侵袭:夜~、空~、偷~、寒气~人、大风~来、~上心头。
B. 照着样做:抄~、因~、沿~。
C. 量词,一般指从上到下的长的衣服:一~风衣、一~婚纱、一~红袍。

(28) 恍惚
　　A. 神志不清,心神不宁:精神～、神志～、心神～、头脑～、恍恍惚惚。
　　B. 仿佛:～记得、～听见、～看见、～想起。
　　C. 不清楚:眼前的一切变得～起来;记忆～。
　　D. 近义词:迷糊、隐约、依稀、朦胧;反义词:清醒、清晰、清楚、真切。

(30) 侧面
　　A. 指具体的事物:房屋的～、汽车的～、桌子的～、人体的～、脸的～。
　　B. 指抽象的事物:从～了解、从～打听、从～分析、～的材料、问题的～。
　　C. 反义词:正面。

(36) 久久
　　A. 副词,多用于否定句:～不能忘记、～没有说话、～不忍离去、～不能决定、～无法平静、～未发一言、～没有回答。
　　B. 也用于肯定句:～地凝望着、～地沉思、～地等待、～地思索。
　　C. 近义词:许久、长久;反义词:短暂。

(37) 梦绕魂牵
　　A. 作谓语:离开故乡多年了,儿时的记忆让人～。
　　　　　　往日的岁月让我～,久久不能忘怀。
　　B. 也可以说魂牵梦萦、魂绕梦牵。

(39) 重塑
　　A. ～+名词:～面容、～形象、～身材、～性格、～个性、～人物、～人生。
　　B. 近义词:塑造。

(40) 镂刻
　　A. 雕刻:～花纹、～篆字、～玉器、～象牙、～木头、～石头、～工艺品。
　　B. 深深记在心里:～在心中、～在心头、～在心里。
　　　近义词:铭记、铭刻。

(42) 胸怀
　　A. 动词,心里怀着:~大志、~理想、~祖国。
　　B. 名词,心胸、心怀、胸襟、襟怀:~开阔、~宽广、~坦荡、~狭窄。
　　C. 名词,胸部、胸膛:敞着~、袒胸露怀。

(46) 阅历
　　A. ~+形容词:~多、~广、~深、~浅、~丰富、~广博、~有限。
　　B. 动词+~:有~、扩大~、增加~、缺乏~、充实~、丰富~。
　　C. 近义词:经历。

(49) 威武
　　A. ~的+名词:~的形象、~的军人、~的军队、~的石狮子。
　　B. 近义词:威风、威猛、雄壮;反义词:委琐、萎靡。

(50) 震慑
　　A. ~+名词:~四方、~敌人、~对手。
　　B. 近义词:威震、威慑。

(56) 奉命
　　A. ~+动词:~去、~做、~询问、~来到、~了解、~转移、~撤退。
　　B. 可以分开:奉……的命;奉……之命。
　　C. 近义词:受命、遵命。

(57) 优雅
　　A. ~的+名词:~的形象、~的仪态、~的仪容、~的风度、~的气质、~的动作、~的神态、~的舞姿、~的造型、~的风格、~的情调、~的歌声、~的音乐、~的装束、~的言谈、~的举止、~的服装、~的装饰。
　　B. ~地+动词:~地微笑、~地走来、~地坐下。
　　C. 近义词:优美、高雅;反义词:粗俗、庸俗、俗气。

(58) 展现
　　A. ~+名词:~风采、~成果、~面貌、~历史、~内容、~本质、~特点、～图景、～美景、～美德、～才华、～能力、～本领。
B. 近义词:表现、展示、呈现;反义词:掩盖、掩饰、隐藏。

(60) 难能可贵
A. 作谓语:一位弱不禁风的女子居然能舍己救人,确实～。
B. 作定语:身处逆境而能够自强不息,这种～的精神值得赞扬。

(63) 城府
A. 常用搭配:(没)有～、～很深、胸无～。
B. 近义词:心机。

(66) 红尘
A. 动词+～:看破～、脱离～、远离～、身陷～、坠入～。
B. 近义词:俗世、人世。

(67) 沧桑
A. 常用搭配:～巨变、～变化、饱经～、历经～、(脸上)刻满～、～感。
B. 相关词语:沧海桑田、沧海一粟。

(71) 巧言令色
A. 作谓语:这个家伙一贯～,有很大的迷惑性,得防着他点儿。
B. 作定语:我很不喜欢～的人,觉得他们太不可靠了。
C. 作主语:～不是一种大家风范,我们做人还是尽量避免为好。
D. 近义词:花言巧语。

(75) 心浮气躁
A. 作谓语:现在很多年轻人～,总是想着一夜成功,不肯踏踏实实地努力。
B. 作定语:～的人很难成就大事,还是一步一个脚印才能实现最终的目标。

(77) 舒展
A. 形容词:～的身体、～的手臂、～的四肢、～的笑脸、～的眉头、～的心情、～的身心、～的表情、～的花朵、～的叶子。

B. 动词:～眉头、～皱纹、～身体、～四肢、～筋骨、～双臂、～双腿。
C. 近义词:伸展、展开、平展;反义词:蜷缩、卷曲。

(78) 和谐
   A. 名词+～:家庭～、社会～、气氛～、风格～、色调～、色彩～、装饰～、服装～、音乐～、音调～、节奏～、感情～、动作～、语言～。
   B. 动词+～:显得～、感到～、追求～、需要～、达到～、实现～、恢复～、影响～、破坏～、有损～、失去～、重视～、珍惜～、喜欢～、促进～、维护～、保护～、确保～。
   C. 动词+得+～:相处得～、配合得～、搭配得～、布置得～、装饰得～。
   D. 近义词:协调、谐和。

(79) 遮掩
   A. 指具体事物:～东西、～道路、～字迹、～画面、～踪迹、～光线、～视线、～身体、～伤口。
   B. 指抽象事物:～错误、～过失、～罪行、～事实、～秘密、～丑闻、～本性、～缺陷、～阴谋。
   C. 近义词:遮盖、遮蔽、掩盖、掩饰;反义词:露出、暴露。

(80) 顺理成章
   A. 作谓语:借钱就得还钱,这当然～。
      在朋友困难的时候伸出援手,这样做～。
   B. 作定语:父母把自己的财产传给子女,这不是～的事吗?
   C. 作状语:老板退休了,他的副手～地代替了他的位置。
   D. 作宾语:违反交通规则就要接受处罚,我觉得～。
   E. 近义词:理所当然。

(84) 演变
   A. 名词+～:历史～、地理～、人类～、物种～、国家～、社会～、局势～、形势～、文字～、语言～、文化～、艺术～。
   B. 其他搭配:～成……、～为……、～出……。
   C. 近义词:变化、演化。

(85) 追溯
　　A. ~+名词:~过去、~过程、~源头、~来源、~起源、~历史、~传统、~往事、~原因、~根源。
　　B. 近义词:追忆、回顾。

(96) 易于
　　A. ~+动词:~掌握、~理解、~解决、~治疗、~改变、~提高、~饲养、~修理、~学习、~看懂、~清洗、~打扫、~使用、~接受。
　　B. 近义词:容易;反义词:难于。

(97) 感染
　　A. 传染:~疾病、~细菌、伤口~、肺部~。近义词:传染。
　　B. 感动:~人、~观众、~大家;受到~、深受~。近义词:感动。

(98) 朝夕相处
　　A. 作谓语:他们俩~,日久生情,终于走到了一起。
　　B. 作定语:我们俩是~的同窗好友,互相再熟悉不过了。

(101) 情不自禁
　　A. 作谓语:得知这个好消息,大家都手舞足蹈,~。
　　B. 作状语:久别重逢,她心潮翻滚,~地把朋友紧紧抱在怀里。
　　C. 近义词:不由自主、身不由己。

(107) 清澈
　　A. ~的+名词:~的湖水、~的泉水、~的天空、~的眼睛、~的目光。
　　B. 近义词:澄澈、清亮、明澈、明净;反义词:浑浊、污浊、混浊。

(109) 呆滞
　　A. ~的+名词:~的人、~的目光、~的声音、~的眼睛、~的眼神、~的表情、~的神情、~的思想、~的大脑、~的资金、~的画面。
　　B. 近义词:呆板、死板;反义词:灵活、灵巧

(111) 纤弱
  A. ～的＋名词：～的女子、～的身体、～的身材、～的树苗、～的花蕊。
  B. 近义词：纤瘦、瘦弱；反义词：粗壮、健壮。

(112) 精巧
  A. ～的＋名词：～的艺术品、～的首饰、～的钟表、～的雕刻、～的装饰、～的构造、～的构思、～的造型、～的手机。
  B. 近义词：精致、精妙、精美、灵巧；反义词：粗劣、粗糙。

(116) 定格
  A. 名词＋～：画面～、镜头～、目光～、姓名～、题目～、结果～。
  B. ～在……：比赛结果～在1:2；目光～在这本书上。
  C. 近义词：锁定。

二、词语辨析部分的异同归纳及补充练习

1. 傲慢——骄傲

   ◆ 相同之处：

	傲慢　骄傲
1．语义：(例1)	都表示自以为了不起，都有看不起别人的意思。
2．词性：	都是形容词。

   ◆ 相异之处：

	傲　慢	骄　傲
1．语义侧重点：(见例2、3)	侧重指对别人的态度。	侧重指内心的自满。
2．语义的轻重：	语义重	语义稍轻
3．语义有无：(见例4、5)	没有这个意思。贬义词。	表示值得自豪的人或事和值得自豪的意思。在这个意思时是褒义词。
4．词性：(见例4、5)	不可以。	可以做名词用。

   【练习】

   1. 他确实很聪明，但那一副（　　　）的样子总是让人觉得有些不舒服。

2. 他考上北大后,他妈妈马上把好消息告诉了亲朋好友,那语气中充满了兴奋和(   )。

3. 唐诗宋词是中国文学史上的两座高峰,所有的中国人都为它们而感到(   )。

4. 当衣衫褴褛的乞丐向他伸出手时,他只是(   )地斜了他一眼,从鼻子里哼了一声。

5. 刘翔最近连续获得了三个男子100米栏世界第一名,中国人都以他为(   )。

6. "谦虚使人进步,(   )使人落后。"这是毛泽东的一句名言。

2. 宁静——安静

◆ 相同之处：

	宁　静　　安　静
1. 语义：(见例1、2)	都表示环境没有声音和内心平静,都是褒义词。
2. 词性：	都是形容词。

◆ 相异之处：

	宁　静	安　静
1. 语义的轻重不同：	语义重一些。	语义轻一些。
2. 词性：(见例3)	形容词。	形容词、动词。
3. 重叠：(见例4、5)	不能重叠。	可以重叠为"安安静静"、"安静安静"。
4. 语体：	多用于书面语。	可用于书面语和口语。

【练习】

1. 请(   ),考试马上就要开始了。

2. 清晨的小树林里显得格外(   ),湿润、清新的空气沁人心脾。

3. 他累了一天了,先让他一个人(   )地休息一会儿吧,别打扰他了。

4. 虽然经历了人生的大起大落,但他的内心依旧很(   ),这正是最难能可贵的地方。

5. 请你(   )一点行不行？这么大喊大叫的又解决不了问题。

3. 蓦然——突然

◆ 相同之处：

	蓦然　突然
1. 语义：（见例1、2）	都有急促和出人意外的意思。
2. 词性：	都是副词。

◆ 相异之处：

	蓦然	突然
1. 词性：（见例3、4）	副词。	形容词、副词。
2. 语体：	多用于书面语。	可用于书面语和口语。

【练习】

1. 事情来得太（　　）了，简直让人措手不及。
2. "众里寻他千百度，（　　）回首，那人却在、灯火阑珊处。"这是宋代著名词人辛弃疾的名句。
3. 一个孩子（　　）出现在汽车前，司机紧急刹车，大家都吓出一身冷汗。
4. 不打招呼就登门拜访，让人感觉很（　　），也是不够礼貌的举动。
5. 听了父母的一席忠告，他（　　）醒悟，觉得自己的行为确实太极端了。
6. （　　）看去，天上的那朵白云好似一只静卧的绵羊。

4. 深邃——深奥

◆ 相同之处：

	深邃　深奥
1. 语义：（见例1、2）	都有道理、含义高深，不容易理解的意思。
2. 词性：	都是形容词，都不能重叠。

◆ 相异之处：

有差异的方面	深邃	深奥
1. 语义有无：（见例3、4）	有幽深、深远的意思。	没有这个意思。
2. 语体：	多用于书面语。	可用于口语、书面语。

【练习】

1. 辽阔、（　　　）的大海给人以神秘感,也激起了人类探索的欲望。
2. "古代哲学原理"这门课内容太（　　　）了,跟十几岁的中学生讲简直是对牛弹琴。
3. 画面中的那位老人向前凝望着,（　　　）的目光中似乎包含着很多内容,耐人寻味。
4. 大山里有一个（　　　）的山洞,吸引了很多喜欢探险的年轻人。
5. 不少中国人认为,学好数理化,走遍天下都不怕。所以中国的学校普遍重视理科的教育,老师常常会让学生做一些很（　　　）的题。

5. 健壮——健康

◆ 相同之处：

	健壮　　健康
1. 语义：（见例1、2）	都有表示生理机能好的意思,都是褒义词。
2. 词性：	都是形容词。

◆ 相异之处：

	健壮	健康
1. 语义侧重点：（见例1、2）	侧重于身体强壮、结实、有力,状态比正常更好。	侧重于身体正常,没有缺陷和疾病。
2. 语义有无：（见例3、4、）	没有这个意思。	可以用于描述事物。
3. 词性：（见例5）	形容词。	形容词、名词。
4. 重叠：（见例6）	一般不能重叠。	可以重叠为"健健康康"。

【练习】

1. 体检结果出来,李奶奶身体非常（　　　）,什么病都没有。
2. 小伙子是健身教练,天天运动,身体（　　　）得像一头牛。
3. 生一个（　　　）的宝宝是每一个家庭的美好愿望。
4. 红薯是公认的（　　　）食品,最好经常把它列入你的食谱。
5. 吸烟损害（　　　）,这个道理谁都懂,但中国的烟民队伍却不见缩小。
6. 暑假回家,看到父母亲都（　　　）的,小马别提多高兴了。
7. 现在的很多人过着晨昏颠倒、毫无规律的生活,这种不（　　　）的生活方式一定会带来恶果。

肆　课文教学

一、课文教学说明（课文见教材 pp.167～169）

　　一、关于文体：本文是一篇叙议结合的小品文。

　　二、关于内容：本文的内容新颖、独到，且很有深度。作者选取了一个非常有趣的视角，从人类各不相同的面容谈起，先说到有些面容会在我们的记忆中留下难忘的印象，接着进一步指出人生阅历与面容的关系，认为人生经历会重塑面容，而且人的心理也一直在悄悄地影响着我们的面容，让我们能够体味到林肯的那句话"过了四十岁，一个人就应该对自己的相貌负责"的深刻含义。作者经过非常细致的观察和对人生、对社会的深入思考，指出了一系列关于面容的有趣现象以及背后的成因，甚至提到了不同的时代对人类面容的深刻影响，不能不让人佩服他作为一个作家的锐利目光和洞察力。

　　文章内容的又一亮点是，作者凭着丰富的学识，举出大量生动有趣的例子来证明经历、心态、性格、环境等对面容的影响，既有知识性和趣味性，又增加了文章的说服力。

　　三、关于语言：抒情化的语言风格是本文在语言上最大的一个特点。排比句式的大量运用和丰富得当的词汇运用使本文的语言达到了优美与成熟的结合，充分表现了汉语强大的表现力和语言魅力。

　　四、本文的独特的视角和新颖深刻的内容为课堂教学提供了巨大的拓展余地。教师在引导学生理解文章内容、体味语言特点的同时，可以对文章中的知识点和文化点进行补充说明，同时也可以展开大量的讨论来活跃课堂气氛。

二、课文内容提问

1. 作者认为，人体的哪个部位最具个性？有什么事实来证明这一点？
2. 面容与指纹有什么差别？
3. 是什么让我们生出"片刻的恍惚"？是什么让我们"梦绕魂牵"？
4. 根据课文内容，林肯说的"过了四十岁一个人就应该对自己的相貌负责"，这句话是什么意思？你自己是怎么理解这句话的？
5. 作者举了契诃夫和甘地的照片作例子，是想说明什么？
6. 你怎样理解"少年顶多有漂亮，盛年才有美"这句话？

7. 复述一下《世说新语》上的那个故事。分析一下作者举这个例子是要说明什么？

8. 作者为什么认为"剧艺演员"难能可贵？他举了什么例子来说明这一点？

9. 作者举了什么例子来说明性格和情绪对面容的影响？你觉得他说得有道理吗？

10. 课文中的"以貌相人"是什么意思？你会这样做吗？

11. 作者认为夫妻、养子与养母、爱徒与高师、佞臣与暴君为什么会越长越像？在你的身边有这样的情况吗？你同意作者的分析吗？为什么？

12. 作者说的"批量产生着面容"和"面容是可以繁殖的"是什么意思？你对此有何看法？

13. 总结一下作者对面容的看法。你觉得他哪些说得有道理？哪些是你不同意的？说说原因。

三、教学活动建议

1. 请学生选择几张自己从小到大不同时期的照片，做成PPT演示给大家看，并结合着照片介绍一下自己的成长经历。

2. 锁定一个你所熟悉的名人，到网上去寻找他不同时期的照片，通过这些照片介绍他的人生经历和他所处的时代对他成长的影响。

3. 分组讨论，一组一个问题，然后进行总结：
   A. 你长得像谁？你觉得人面部的长相与什么因素有关系？
   B. 在人的童年、少年、青年、中年和晚年，面容会发生很大的变化，你觉得人在哪个阶段最美？为什么？
   C. 在你看来，一个人的长相重要还是性格重要？
   D. 你觉得有没有可能通过改变人的性格来改善我们的面容？
   F. 现在全球都在流行通过手术进行整容的热潮。说说你所知道的情况和对这个问题的看法。

伍　参考答案

一、词语辨析补充练习(见使用手册pp.133～136)参考答案

1. 傲慢——骄傲

①傲慢/骄傲　②骄傲　③骄傲　④傲慢　⑤骄傲　⑥骄傲

2. 宁静——安静

　　① 安静　　② 宁静/安静　　③ 安静　　④ 宁静　　⑤ 安静

3. 蓦然——突然

　　① 突然　　② 蓦然　　③ 突然

　　④ 突然　　⑤ 突然/蓦然　　⑥ 蓦然

4. 深邃——深奥

　　① 深邃　　② 深奥　　③ 深邃　　④ 深邃　　⑤ 深奥

5. 健壮——健康

　　① 健康　　② 健壮　　③ 健康/健壮　　④ 健康

　　⑤ 健康　　⑥ 健健康康　　⑦ 健康

二、语言点练习(见教材 pp.180～182)参考答案

1. 何(时、处)

   【练习】选用"何人"、"何时"、"何地"、"何物"、"何方"、"何处"、"何故"完成下面的对话：

   (1) A：你是从何时开始对中国文化感兴趣的？
   　　B：我是从大学一年级的时候开始对中国文化感兴趣的。

   (2) A：这是你妈妈何时送你的礼物？
   　　B：这是我妈妈在我18岁生日的那天送给我的礼物。

   (3) A：你的工作不错，何故辞职呢？
   　　B：因为工作的地方太远，再加上我对工作的内容不感兴趣，所以就辞职了。

   (4) A：你把何物放在床底下了？
   　　B：因为妈妈不让我养小动物，所以我只好把小兔子藏在床底下了。

2. 顶多

   【练习】用"顶多"改写下面的句子：

   (1) 那本书不是太厚，也就是100页左右吧。
   　　那本书不是太厚，顶多也就是100页左右吧。

   (2) 我这次考得不太理想，我自己觉得能达到70分就不错了。
   　　我这次考得不太理想，我自己觉得顶多能达到70分就不错了。

(3) 英语老师说我现在的英语水平刚够中级,不适合选择这么难的教材。
<u>英语老师说我现在的英语水平顶多够中级,不适合选择这么难的教材。</u>

(4) 我这个人不太善于爬山,像香山这样高度的山,我能爬到半山腰就不错了。
<u>我这个人不太善于爬山,像香山这样高度的山,我顶多能爬到半山腰就不错了。</u>

3. 以貌相人

【练习】用"以貌取人"和上面的例子填空:

(1) 做买卖如果(<u>以次充好</u>)的话,一定会失去顾客的信任。
(2) 那位警察在抓捕罪犯的过程中(<u>以身殉职</u>)了,上级追认他为"最杰出的优秀警察"。
(3) 我朋友模仿齐白石的画惟妙惟肖,简直到了(<u>以假乱真</u>)的地步。
(4) 在日常生活中,我们应该多站在别人的角度去看问题,而不能总是(<u>以己度人</u>),这样会失去很多朋友。
(5) 挑选公司职员不是选美,不能(<u>以貌取人</u>),主要要看他的能力。
(6) 在争论问题的时候,大家都应该(<u>以理服人</u>),最好不要互相攻击。

4. 免不了

【练习】用"免不了"完成句子和对话:

(1) 要想学会游泳,免<u>不了会喝几口水</u>。
(2) 每个人的生活都不可能是一帆风顺的,<u>免不了会遇到一些困难和挫折</u>。
(3) A:最近我开始看一些中国电影,但有一半的话都听不懂,心里特别着急。怎么办呢?
B:<u>刚开始看免不了会有听不懂的地方</u>,看多了听懂的就越来越多了。
(4) A:我特别想养一只小动物,但又怕会有很多麻烦。你是怎么解决这个问题的呀?

B：养小动物免不了会有些麻烦事，如果一开始就训练它养成好习惯就省事多了。

三、部分"综合练习"（见教材 pp.183～189）参考答案

I 词语练习

一、填入合适的名词

(一) 锁定(画面)　　流露(感情)　　占据(地位)
　　重塑(面容)　　展现(风貌)　　遮掩(事实)
　　追溯(历史)　　感染(观众)　　凝视(对方)
(二) 忧郁的(眼神)　傲慢的(态度)　清苦的(生活)
　　宁静的(树林)　纤弱的(身材)　深邃的(思想)
　　和谐的(社会)　黝黑的(肤色)　健壮的(身体)

二、填入合适的动词

　　精确地(计算)　恍惚地(记得)　默默地(祈祷)
　　久久地(思考)　优雅地(弹琴)　威武地(前进)

三、填入合适的形容词

　　(敏感)的部位　　(清晰)的指纹　　(明显)的差异
　　(复杂)的情感　　(端正)的相貌　　(宽阔)的胸怀
　　(丰富)的阅历　　(优美)的曲线　　(模糊)的符号

四、写出下列词语的近义词或反义词

(一) 写出近义词

　　相貌——容貌　　阅历——经历　　新近——最近
　　呆滞——停滞　　精确——准确　　蓦然——突然
　　清苦——清贫　　深邃——深刻　　流露——表露
　　展现——展示　　感染——感动

(二) 写出反义词

　　忧郁——快乐　　傲慢——谦恭　　宁静——喧闹
　　优雅——粗俗　　好学——厌学　　舒展——蜷缩
　　黝黑——白净　　清澈——浑浊　　呆滞——灵活
　　纤弱——粗壮　　精巧——粗糙　　曲线——直线

五、选词填空（每个词只能用一次）

(一) 1. 安静　　2. 健壮　　3. 蓦然　　4. 傲慢　　5. 健康

6. 深邃　　　7. 宁静　　　8. 深奥　　　9. 突然　　　10. 骄傲
(二) 1. 合影　　　2. 片刻　　　3. 相关　　　4. 精品　　　5. 纯情
6. 沧桑　　　7. 演变　　　8. 焦点　　　9. 震慑　　　10. 遮掩
11. 整容　　12. 易于　　13. 心头　　14. 褪色　　15. 奉命

六、判断指定的词语应放在 A、B、C、D 哪个位置上
1. B　　2. C　　3. D　　4. A　　5. C
6. A　　7. B　　8. D　　9. B

七、选择下面的四字词语填空，并模仿造句
1. 难能可贵　　2. 隐约可辨　　3. 顺理成章　　4. 朝夕相处
5. 梦绕魂牵　　6. 气定神闲、心浮气躁　　7. 心宽体胖　　8. 千言万语
9. 情不自禁　　10. 巧言令色

Ⅱ 课文理解练习

一、根据课文内容选择正确答案
1. A　　2. A　　3. C　　4. B　　5. A
6. C　　7. A　　8. A　　9. A　　10. B

四、部分"阅读与理解"(见教材 p.191)参考答案
(一) 根据文章内容判断正误
1. √　　2. ×　　3. √　　4. √
5. ×　　6. ×　　7. √　　8. √

陆　文化知识点补充说明

1. 林肯总统：

2. 契诃夫：

3. 甘地：

4.《世说新语》中关于曹操故事的原文及翻译：

【原文】

魏武将见匈奴使，自以形陋，不足雄远国。使崔季珪代，帝自捉刀立床头。既毕，令间谍问曰："魏王何如？"匈奴使答曰："魏王雅望非常，然床头捉刀人，此乃英雄也。"魏武闻之，追杀此使。（《世说新语·容止》）

【翻译】

曹操要接见匈奴的使臣，觉得自己相貌不佳，镇不住外国使臣，于是就让手下的崔季珪代替自己接见，自己在一旁持刀站立。仪式结束后，曹操派人向使臣打听说："你觉得魏王怎么样？"匈奴使臣说："魏王看起来果然非常高雅，但他旁边那个持刀而立者才是真正的英雄呢。"曹操知道了，二话没说，派人追去把来使杀了。

第八课　辛亥革命与我

　壹　背景材料

一、作者胡愈之(1896—1986)，男，原名学愚，浙江上虞市丰惠镇人。他不仅是著名的作家、翻译家，也是出色的新闻出版工作者及国际问题专家、政治评论家和世界语学者。

二、胡愈之的主要经历：

1911年，以县试第一名考入绍兴府中学堂。

1914年考入商务印书馆编译所当练习生，刻苦学习英语、日语、世界语，并开始发表文章。

1919年在上海参加声援五四运动的斗争，并发起创立上海世界语学会。

1920年与郑振铎、沈雁冰等发起成立文学研究会，积极推进新文学运动。

1925年编辑出版《公理日报》。参加五卅运动，撰写《五卅运动纪实》。

1928年以《东方杂志》驻欧洲特约记者身份流亡法国，入巴黎大学攻读国际法。1931年经苏联回国，著《莫斯科印象记》。

九一八事变后，在上海任中国青年世界语者联盟书记，主编《东方杂志》，宣传抗日救国。又与邹韬奋一起主持《生活周刊》。

1933年应鲁迅之邀参加宋庆龄等创建的中国民权保障同盟，当选为临时中央委员。

1933年9月加入中国共产党。

1935年后从事上海文化界抗日救亡运动,为全国各界救国联合会发起人之一。

1936年11月,全国救国会沈钧儒等"七君子"被捕后,与宋庆龄、何香凝等发起"救国入狱运动"。

抗日战争爆发后,担任上海文化界救亡协会常委和宣传部长,倡议成立国际宣传委员会,出版《团结》、《上海人报》、《集纳》、《译报》等多种刊物,宣传抗日救国,并翻译出版《西行漫记》、编辑出版《鲁迅全集》。

1938年在武汉担任国民政府军事委员会政治部第三厅第五处处长,主管抗日宣传工作。武汉沦陷后转到桂林,参与创办国际新闻社、文化供应社和广西地方建设干部学校。

1940年赴新加坡,任陈嘉庚先生创办的《南洋商报》主编。

1941年12月太平洋战争爆发后,与王任叔、郁达夫等组织"星华文化界战时工作团",任副团长。

抗日战争胜利后,与陈嘉庚创办新南洋出版社、《南侨日报》,任社长,并在新加坡领导建立中国民主同盟马来亚支部,任主任委员。

1948年从南洋回国。

1949年9月出席中国人民政治协商会议第一届全体会议。

中华人民共和国成立后,历任《光明日报》总编辑、国家出版总署署长、文化部副部长、中国文字改革委员会副主任、中国人民外交学会副会长、中华全国世界语协会理事长。1953年5月任中国民主同盟中央秘书长。1979年7月至1983年6月任政协全国委员会副主席。1985年任民盟中央代理主席,著有《胡愈之回忆录》。

贰 教学目标与步骤

一、教学目标

语　言	内　容	文　化
1. 理解并运用本课的重点词语(见"重点词语讲解")。 2. 掌握词语辨析： 　(1) 资格—资历 　(2) 动摇—摇动 　(3) 情形—情况 　(4) 牺牲—献身 　(5) 准许—允许 3. 掌握语言点： 　(1) 给 　(2) 何况 　(3) 甚 　(4) 不单 　(5) 不堪	1. 朗读全文，准确理解文章内容和作者所表达的思想感情。 2. 作者回忆了处在辛亥革命浪潮中的自己的亲身经历。用一个独特的视角再现了中国封建王朝历史的辛亥革命的一景，形象地再现了那段历史。 3. 本文以小见大：作者当年作为一个普通少年，亲眼见证了清朝末年新旧交替的时代变革。	1. 了解辛亥革命、武昌起义。 2. 了解徐锡麟、秋瑾。 3. 了解清朝男子的辫子。 4. 了解同盟会、革命党、革命军、新党。

二、教学步骤

1. 导入。介绍课文内容及背景。
2. 词语 1～28。词语辨析 1～4。
3. 第一部分课文(到"我们都特别对他们表示敬仰")。注释 1～7。语言点 1～2。
4. 词语 29～52。词语辨析 5。
5. 第二部分课文(到"比'猪尾巴'到底威风些啊")。注释 8。语言点 3～4。
6. 词语 53～90。
7. 第三部分课文。注释 9～11。语言点 5。
8. 做"综合练习"。
9. 阅读与理解。

三、建议课时：6～7 课时。

叁　词语教学

一、重点词语讲解（词语见教材 pp.197～201）

(1) 羸弱
　　A. ～的孩子、～的身体、身体十分～。
　　B. 近义词:瘦弱、虚弱;反义词:强壮、健壮。

(3) 垂
　　A. ～着头/脑袋、～着眼睛、～着尾巴、～着手站在角落里、兔子的耳朵一只竖着一只～着、胃有点下～。
　　B. 固定搭配:～头丧气(形容情绪低落、失望懊丧的神情)。

(8) 风潮
　　A. 量词:场、次。
　　B. 革命～、闹～、平息～、卷入～的学生、关注这场～。

(9) 监督
　　A. 动词,查看并督促:～考生、互相～、接受老百姓的～、不需要别人的～。
　　B. 名词,做监督工作的人:舞台～、工程的～。

(11) 安分
　　A. ～人、非常～、不大～。
　　B. 固定搭配:～守己(规矩老实,不做违法乱纪的事)。
　　C. 近义词:老实、本分。

(15) 抵抗
　　A. ～侵略者、～敌人入侵、～病毒的侵袭、奋力～、顽强～、无法～、毫无～的能力。
　　B. 近义词:抵御、抵挡。

(22) 反感
　　A. 不满:让人非常～、对她的态度都很～。

B. 反对或不满的情绪：引起观众的～、使人产生～、对这个人有～。
C. 反义词：好感。

(24) 推翻
A. 用武力打垮旧的政权，使局面彻底改变：～政府、～封建制度、～独裁统治、～清朝统治的辛亥革命。
B. 根本否定已有的说法、计划、决定等：～原来的计划、～原有结论、～那个方案。

(28) 敬仰
A. 最～的人、他是年轻人十分～的政治家、对科学家表示～、深受大家的～。
B. 近义词：尊敬、仰慕；反义词：鄙视。

(29) 郁积
A. ～在心里的不满、把负面的情绪都～在心头、抑制不住～在心里的悲痛之情、～了一年。
B. 近义词：郁结、积聚；反义词：发泄。

(31) 仿效
A. 也说"效仿"。
B. ～别人、～明星的打扮、～父母的做法、可以～、允许～、完全～、～得相当成功。
C. 近义词：模仿、仿照；反义词：创造。

(32) 压迫
A. ～工人、受～的人们、受～者、反抗～、避免当局的～、哪里有～哪里就有反抗、残酷～、有～感。
B. 近义词：迫害。

(38) 引
A. 引用：～了一句名言、～了课文中的一段话、～自哪本书。
B. 固定搭配：～经据典（引用经典作为立论的依据）。
C. 扩展：引自其他书籍或文件的语句称为"～文"或"～语"；表示文

中直接引用的部分的标点符号""称为"~号"。

(40) 取笑
　　A. ~别人、~别人的短处、被人~、遭到别人~、成为同学~的对象。
　　B. 近义词：嘲笑。

(41) 吞声饮泪
　　A. 又作"吞声饮泣"、"饮泣吞声"。
　　B. 作谓语：被那些身强力壮的同学欺侮以后，羸弱的丁丁只好~。不要~，要奋力抵抗。
　　C. 作状语：那位老人每天~地生活。为了那点工钱，他们~忍受着奴隶般的生活。
　　D. 反义词：欢天喜地、欢喜若狂、喜笑颜开。

(43) 把戏
　　A. 杂技：看~、耍~。
　　B. 花招；蒙蔽人的手法：骗子的~、玩~、收起了他的那套~、看穿了他的~。

(47) 依旧
　　A. ~+动词结构：~是奶油小生、~坐在第一排、~垂着头、~吞声饮泪、~玩那套把戏。
　　B. ~+形容词结构：~美丽、~十分羸弱、~非常安分。
　　C. 名词+~：景物~、风格~、态度~、神情~。
　　D. 近义词：依然、照旧。

(49) 风声
　　A. 刮风的声音：~很大。
　　B. 传播出来的消息：听到了~、别走漏~、不要听信这些~、从公司上层传出~说公司打算裁员、~越来越紧、躲避~。

(52) 威风
　　A. 名词。使人敬畏的声势或气概：显~、八面~、把对手的~打下去、长自己的志气，灭别人的~。

B. 形容词。有声势;有气派:看起来很~、显得非常~、~得很。

(54) 不省人事

A. 作谓语:那个病人已经~了。老王被车撞倒在地,当场就~了。

B. 作定语:他一眼就发现了躺在地上的~的士兵。

C. 作补语:老张病得~。上个周末聚会时小李喝多了,醉得不省人事,我们好不容易才把他送回了宿舍。

(56) 好比

A. 时间~江水,从不停步。他们的关系~鱼和水的关系。快乐时千年~一刻,寂寞时一刻如同千年。

B. 近义词:好像、如同。

(58) 时光

A. 时间;光阴:快乐的~、宝贵的~、~易逝、浪费~。

B. 时期:那~很多村子都没通电话,通讯很不方便。

C. 日子:忘不了过去的幸福~、过着丰衣足食的好~、度过那段艰难的~。

(59) 响应

A. 同学们纷纷~、没有人~、~领导的号召、~节约能源的号召、积极~。

B. 反义词:抵制。

(60) 声浪

A. 掀起一股革命的~、在一片喝彩的~中、引发巨大的抨击~、要求他辞职的~越来越高、反战~响彻全球。

B. 近义词:声音、浪潮。

(62) 寂静

A. ~+的+名词:~的森林、~的山村、~的街道、~的夜晚。

B. 副词+~:非常~、十分~、异常~、不太~。

C. ~+下来:太阳下山了,一切又都~下来。

D. 近义词:宁静;反义词:嘈杂、喧闹。

第八课　辛亥革命与我

（66）消除
　　A. ~+名词：~疾病、~误会、~闷气、~疑虑、~分歧、~祸根、~贫困、~静电、~青春痘、~家庭暴力、~紧张局势、~信号。
　　B. 近义词：去除；反义词：产生、造成。

（74）景象
　　A. 形容词+的+~：美丽的~、奇异的~、壮观的~、繁华的~、荒凉的~、凄惨的~、如梦如幻的~。
　　B. 名词+(的)+~：自然~、盛世~、末世~、春天的~、天空的~。
　　C. 近义词：景色、景观。

（79）登载
　　A. 口语中也说"登"。
　　B. ~新闻、~照片、~文章、~信息、报纸上~了这条消息、~在杂志上、~于《人民日报》。

（87）主张
　　A. 动词：我们~大小国家一律平等。这位政治家极力~改革。
　　B. 名词：我赞成他的~。这个~遭到了大家的反对。这位医生到处宣传他的健康新~。

（88）奇耻大辱
　　A. 作主语：今天所受的~他永远也不会忘记。
　　B. 作宾语：作者小时候认为自己脑后的"猪尾巴"简直是~。谁能忍受这样的~呢？

（90）至今
　　A. ~+小句：~张经理还没给我们答复。
　　B. 主语+~+谓语等：玛丽的父母~不知道女儿的男朋友到底是谁。端午节始于中国的春秋战国时期，~已有2000多年历史。
　　C. 时间词+~：据报道，去年十月~已有15.7万非正式员工失去工作。开学~，汤姆只给父母发过一次电子邮件。

二、词语辨析部分(见教材pp.202～205)的异同归纳及补充练习

1. 资格——资历

◆ 相同之处：

	资　格　　资　历
1. 语义：	都指从事某种工作或活动而形成的身份。
2. 词性：	都是名词。

◆ 相异之处：

	资　格	资　历
1. 语义：(见例1、2、3、4、5、6)	指从事某种活动所应具备的条件、身份或地位。	指从事某种活动的经历。
2. 搭配：(见例7)	固定词组：～证、老～	

【练习】

1. 这家公司面试时,看重的不是个人的(　　　)而是能力。
2. 在摄影界里,老赵出道早,作品多,可算是老(　　　)了。
3. 吴晓文打算报名参加教师(　　　)考试。
4. 在这次会议中,(　　　)越深的代表,座位越靠前。

2. 动摇——摇动

◆ 相同之处：

	动　摇　　摇　动
1. 语义：	都有"动"的意思。
2. 词性：	都是动词。

◆ 相异之处：

	动　摇	摇　动
1. 语义：(见例1、2、3、4)	立场、意志、决心等不坚定。	物体摇摆晃动或用力摇晃物体使动。
2. 搭配：(见例1、2、3、4)	多与抽象事物搭配。	多与具体的东西搭配。
3. 用法：(见例5、6)	不可以插入"得"、"不"。	可以说"摇得动"、"摇不动"。

【练习】

1. 导游(　　　)着手里的旗子,示意大家快点儿跟上来。
2. 这个推销员巧舌如簧,妈妈终于(　　　)了,准备掏钱了。
3. 俗话说"根深不怕风(　　　)",只要真正具备实力,任何变化都能应对。
4. 爷爷是一个意志坚定的人,没人可以(　　　)他的决心。

3. 情形——情况

◆ 相同之处:

	情形　　情况
1.语义:	都指事物在发展中表现出来的状况。
2.词性:	都是名词。

◆ 相异之处:

	情　形	情　况
1.语义(一):(见例1、2、3、4)	指具体状况,主要指某一事情进行中的样子。	指总体状况,主要指事物发展所反映出的特征和趋势。
2.语义(二):(见例5)	没有这个意思。	指值得注意的变化或动向。
3.搭配(一):	具体的描述+的+~:大家自我介绍的~。	组成四字词组:工作~、生活~、读书~、学习~。
4.搭配的动词:	记得、想象、描述等。	了解、调查、检查、反映、发生、分析等。

【练习】

1. 如果有特别的(　　　),一定马上向上级报告。
2. 一想起滑雪时自己摔倒的(　　　),小民就忍不住想笑。
3. 山姆在信中向父母介绍了自己在中国的学习(　　　)。
4. 警察要求他具体描述一下事故发生时的(　　　)。

4. 牺牲——献身

◆ 相同之处:

	牺　牲　　献　身
1.语义:(见例1)	都有"把自己的生命奉献出来"的意思。
2.词性:	都是动词。

◆ 相异之处：

	牺 牲	献 身
1.语义：(见例2、3、4、5)	(为某人、某事)付出代价或受到损害。	把自己的全部精力奉献出来。
2.搭配(一)：(见例2、3、4、5)	~+名词：~事业、~家庭、~自己、~幸福、~一切	~+于+名词：~于环保事业、~于独立运动、~于家庭、~于工作、~艺术、~社会

【练习】

1. 郭小雪说：我愿意(　　)于工作，但不会变成工作的奴隶。
2. 在这部小说里，男主人公为了爱情(　　)了一切。
3. 在追逐金钱的游戏中，他(　　)了自己真正的幸福。
4. 从眼前这位(　　)于摄影艺术的年轻人身上，我看到了美的力量。

5. 准许——允许

◆ 相同之处：

	准许　　允许
1.语义：	都有"同意、许可"的意思。
2.词性：	都是动词。

◆ 相异之处：

	准 许	允 许
1.语义(见例1、2、3、4、5)	用于同意下级或被管辖者的要求。	没有这个限制。
2.固定搭配：(见例5、6)	没有这些用法	请~我、决不~

【练习】

1. 时间(　　)的话，我还想去一趟西藏。
2. 请(　　)我们利用这个机会说明一下我们的想法。
3. 据报道，英国最高法院(　　)一名颈部以下瘫痪、靠呼吸机维持生命的妇女安乐死。
4. 在未经双方父母(　　)的情况下，小郭和女朋友举行了婚礼。

第八课　辛亥革命与我

肆　课文教学

一、课文教学说明（课文见教材 pp.192～196）

1. 关于文体：本文是回忆往事的散文。

2. 关于内容：作者回忆了在大的时代背景下（辛亥革命）作为少年的自己在学校、家庭里的经历，叙述了辛亥革命对"我"的生活、思想的影响，同时也通过极其个性化的"小事"（我的辫子）向读者生动展示了辛亥革命前后的"大事"。

3. 关于语言：作为回忆的文章，本文语言平实，娓娓道来，充满怀念的意味，又略带伤感。

二、课文内容提问

1. 在中学的时候，"我"为什么老是被别的同学当作开玩笑的资料？
2. "我"是怎么被绍兴府中学堂录取的？
3. 面对老资格的同学的欺侮，"我"是什么态度？
4. 当时，清朝的统治情况如何？
5. "我"和同学们最感兴趣的是什么？学校当局是什么态度？
6. 青年人用什么方式来表现他们的革命热情？
7. 父亲为什么来信嘱咐"我"千万别剪辫子？
8. "我"保留了辫子，付出的代价是什么？
9. 暑假过后，为什么同学们都装上了假辫子？
10. "我"的病怎么样？
11. "我"在病榻上时，外边的世界发生了什么变化？"我"听了以后，心里是什么感觉？为什么？
12. 孙中山在南京就临时大总统职以后，父亲选定吉日做了什么？
13. "我相信我一生没有比这一件事失望更大的。""这一件事"是什么事？作者为什么这么说？

三、教学活动建议

1. 本课涉及历史，需要引导学生先了解与课文相关的背景知识：可以布置学生上网查找有关辛亥革命以及课文中出现的人物（孙中山、秋瑾等）的资料，然后进行交流。

2. 让学生讨论清末民初"剪辫子"的象征意义。
3. 看有关电影,如纪录片《辛亥革命》(广东音像出版社)、大型文献纪录片《孙中山》(中央电视台,共 6 集,可选取有关辛亥革命的片断)、《末代皇帝》、《阿 Q 正传》(剪辫子的情形)、《秋瑾》等。

伍　参考答案

一、词语辨析补充练习(见使用手册 pp.152～154)参考答案

1. 资格——资历
   ① 资历　　② 资格　　③ 资格　　④ 资历
2. 动摇——摇动
   ① 摇动　　② 动摇　　③ 摇动　　④ 动摇
3. 情形——情况
   ① 情况　　② 情形　　③ 情况　　④ 情形
4. 牺牲——献身
   ① 献身　　② 牺牲　　③ 牺牲　　④ 献身
5. 准许——允许
   ① 允许　　② 允许　　③ 准许/允许　　④ 准许/允许

二、语言点练习(见教材 pp.205～208)参考答案

1. 给

   【练习】用"给"改写句子:
   (1) 玻璃杯给妹妹打碎了。
   (2) 我都快给你们弄糊涂了。
   (3) 附近的房子都给敌人的炮弹炸毁了。
   (4) 主人的房间给这两只小狗弄得乱七八糟的。

2. 何况

   【练习】用"何况"完成句子:
   (1) 大家好不容易聚在一起,何况明天又是周末,多聊一会儿吧。
   (2) 这一带地广人稀,何况你还不熟悉这儿的路况,还是打听清楚再去的好。

(3) 这种冰箱款式新、功能全,何况价格也很公道,买一台吧。
(4) 我们提前了半小时出门,何况现在不是高峰期,准能按时赶到。

3. 甚

【练习】参考以上的例子,用"甚"完成句子:
(1) 由于学习方法不当,收效甚微。
(2) 他和夫人结婚四十余年,俩人感情甚笃。
(3) 这个广告设计方案极富新意,客户评价甚高。
(4) 在故宫珍宝馆,爷爷仔细欣赏着那些精美的文物,兴致甚浓,毫无倦意。

4. 不单

【练习】用"不单"完成句子:
(1) 学校的教育内容,不单包括各种知识技能,而且还要包括做人的道理。
(2) 取笑别人,不单会伤害对方,还会伤害自己。
(3) 这几道数学题难度非常高,不单学生不会做,恐怕连老师也做不出来。
(4) 他的外号是"活字典",不单课本里的字难不倒他,连一些生僻的字他都认识。

5. 不堪

【练习】选用上面用"不堪"的词语完成句子:
(1) 疲惫不堪
(2) 痛苦不堪
(3) 不堪一击
(4) 不堪入耳

三、部分"综合练习"(见教材 pp.209～214)参考答案

I 词语练习

一、填入合适的名词

赢弱的(孩子、老人、姑娘)　　卷曲的(头发、身体)
寂静的(森林、夜晚、小院)　　奇异的(事情、现象)
动摇(信心、信念、决心)　　　推翻(国家、政府、政权)
牺牲(自己、事业、家庭)　　　敬仰(伟人)
响应(号召)　　　　　　　　　主张(改革、晚婚)
登载(消息、文章、照片)　　　消除(闷气、不良影响、不好的印象)
压迫(别人)

二、填入合适的动词

(听到、走漏)风声　　(写、改、看)标题　　(生、消除)闷气
(关心、谈论)国事　　(产生、消除)反感　　(握紧、松开)拳头
(获得、取得、取消、失去)资格　　　　　　(梳、剪)辫子
(玩)把戏

三、选择合适的动词填空

1. 着慌　　2. 准许　　3. 仿效　　4. 投考
5. 捉拿　　6. 取笑　　7. 登载　　8. 消除

四、写出下列词语的近义词和反义词

(一) 写出近义词

赢弱——瘦弱　　　　安分——老实、本分
欺侮——欺负　　　　郁积——郁结、积聚
依旧——依然　　　　许可——准许、容许

(二) 写出反义词

赢弱——健壮、强壮　　动摇——坚定
寂静——喧闹、嘈杂　　许可——拒绝、禁止
奇异——普通、平常　　就职——离职、辞职

五、选词填空

1. 献身　2. 牺牲　3. 情形　4. 情况　5. 情形
6. 情况　7. 资格　8. 资历　9. 资格　10. 允许
11. 准许　12. 摇动　13. 动摇

六、解释句中画线词语的意思

1. C　2. C　3. B　4. C　5. A　6. B　7. C　8. A

七、选择正确的答案

　　1. A　　2. B　　3. C　　4. C　　5. C　　6. B
　　7. A　　8. B　　9. A　　10. A　　11. B　　12. C

八、在每个空格中填入一个合适的汉字（见课文）

Ⅱ 课文理解练习

一、根据课文内容判断正误

　　1. √　　2. ×　　3. √　　4. √　　5. ×
　　6. ×　　7. √　　8. ×　　9. √　　10. √

四、部分"阅读与理解"（见教材 pp.217~218）参考答案

　　(一) 根据文章内容选择正确的答案
　　　　1. C　　2. B　　3. C　　4. A　　5. B　　6. C　　7. B

陆　文化知识点补充说明

辛亥革命

　　辛亥革命是指发生于1911年（清宣统三年），旨在推翻中国几千年来专制帝制、建立共和政体的革命。辛亥革命的口号为"驱除鞑虏，恢复中华，建立民国，平均地权"。

　　狭义的辛亥革命，指的是由1911年10月10日（农历八月十九）夜里爆发的武昌起义，至1912年元旦孙中山就职中华民国临时大总统这一段时间的历史。在中国农历的干支纪年法中，1911年为辛亥年，故称辛亥革命，因为这一天是十月十日，又名"双十革命"。

　　广义的辛亥革命，指自清末开始在中国出现的一系列革命运动，到辛亥年成功推翻满清统治结束为止。

　　虽然辛亥革命的成果被北洋军阀攫取，平均地权也是没有实现，但革命推翻了统治中国二百六十多年的清王朝，结束了中国两千多年的封建君主专制制度，开启了民主共和的新纪元。

关于辫子的若干史实

清朝的男子都留着辫子。留辫本来是女真人即满族人的风俗。清军入关(1644年)后,下达了剃发令:"今者天下一家,君犹父也,父子一体,岂容违异,自今以后,京师内外,限旬日,直隶各省地方自部文到后,亦限旬日,尽令剃发,遵依者,为吾国之民,迟疑者,为逆命之寇。"其后,人们对男子留辫经历了由抗拒到被迫接受的过程。

清朝末年,在国家民族危亡关头,一些海外留学生在同盟会等组织的鼓动之下开始剪辫,与清政府决裂。在满清中央政府控制较弱的南方各省,青年学生们也开始剪辫。

辛亥革命后,中华民国临时政府开始实行强制剪辫法令,然而此时各地抵制剪辫事件时有发生,甚至在上海这样这样最开化的城市,也有人不愿剪发,在偏僻地方,抵制事件更是多见。在这种情况下,一些激进学生和军人走上街头,强行剪去行人发辫,各地也先后出台了各种剪辫法令。从此,多数民众已剪去辫子。

第九课　无为·逍遥·不设防

壹　背景材料

一、作者王蒙，当代著名作家。1934年生于北平。1953年创作长篇小说《青春万岁》。1956年发表短篇小说《组织部新来的年轻人》，由此被错划为右派。1958年后在京郊劳动改造。1962年调北京师范学院任教。1963年起赴新疆生活、工作了10多年。1978年调北京市作协工作。后任《人民文学》主编、中国作协副主席、文化部长、国际笔会中心中国分会副会长等职。这时期著有长篇小说《活动变人形》、《暗杀——3322》、《季节三部曲》(《恋爱的季节》、《失态的季节》、《踌躇的季节》)，中篇小说《布礼》、《蝴蝶》、《杂色》、《相见时难》、《名医梁有志传奇》、《在伊犁》系列小说，小说集《冬雨》、《坚硬的稀粥》、《加拿大的月亮》，诗集《旋转的秋千》，作品集《王蒙小说报告文学选》、《王蒙中篇小说集》、《王蒙选集》、《王蒙集》，散文集《轻松与感伤》、《一笑集》、《我的人生哲学》，文艺论集《当你拿起笔……》、《文学的诱惑》、《风格散记》、《王蒙谈创作》、《王蒙、王干对话录》，专著《红楼启示录》、《老子的帮助》，自选集《琴弦与手指》以及10卷本《王蒙文集》等。其中有多篇小说和报告文学获奖。作品被译成英、俄、日等多种文字在国外出版。

二、王蒙的作品多是反映中国人民在前进道路上的坎坷历程，初期表现出热情、纯真，后来趋于清醒、冷峻，而且乐观向上、激情充沛，由于其在多年的创作过程中进行不倦的探索和创新，现已成为新时期文坛上创作最为丰硕、也最有活力的作家之一。

贰 教学目标与步骤

一、教学目标

语　言	内　容	文　化
1. 理解并运用本课的重点词语(见"重点词语讲解")。 2. 掌握词语辨析： 　(1) 启迪—启发—启示 　(2) 争执—争论 　(3) 开阔—宽阔—广阔—辽阔 　(4) 获取—夺取 　(5) 超越—超过 3. 掌握语言点： 　(1) 有所 　(2) 得以 　(3) (逍遥)处之 　(4) 徒 　(5) 不(伦)不(类) 　(6) 一无(所长) 　(7) 虽(失)犹(得)	1. 朗读全文，准确、深入地理解作者的思想观点。 2. 本文以杂感和随笔的方式来谈论自己的人生哲学，从中可以看到中国传统文化特别是道家思想对作者的影响，看到几千年流传下来的传统思想文化在当代知识分子身上的具体体现。 3. 本文分为三个部分：无为、逍遥、不设防。把极其深厚的人生阅世经验和中国传统思想结合起来，是作者与自己心灵的对话，是对"无为、逍遥、不设防"的个性化理解，显示了一种智慧、从容、深广、自信的人生境界。	1. 了解道家的哲学思想、老子、庄子。 2. 了解文化大革命、抓辫子、扣帽子。

二、教学步骤

1. 导入。介绍课文内容及背景。
2. 词语1~49。词语辨析1、2。
3. 第一部分课文(无为也是一种风格呢)。注释1~2。语言点1。
4. 词语50~94。词语辨析3、4、5。
5. 第二部分课文(这是我积数十年经验得来的最宝贵的信条)。语言点2~3。
6. 词语95~133。
7. 第三部分课文。语言点4~7。
8. 做"综合练习"。
9. 阅读与理解。

三、建议课时:8 课时。

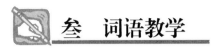

叁　词语教学

一、重点词语讲解(词语见教材 pp.223～229)

(2) 逍遥

　　A. ～的人、～的人生、～的态度、～地生活、过得很～。
　　B. 近义词:潇洒。

(6) 无益

　　A. ～的事情、～的想法、～的行动、～于健康、～于身体、～于社会。
　　B. 反义词:有益。

(9) 有害

　　A. ～的事情、～的工作、对健康～、对身体～、对社会～。
　　B. 反义词:无害。

(10) 有损

　　A. ～健康、～公司形象、～个人名誉、～集体利益、～家庭关系。
　　B. 反义词:无损。

(11) 有愧

　　A. 心里～、～于家庭、～于父母、～于社会、～于自己。
　　B. 反义词:无愧。

(12) 忌妒

　　A. 同"嫉妒"、"妒忌"、"妒嫉"。
　　B. ～别人、非常～他、有一点儿～。
　　C. 固定搭配:～心、～心理。
　　D. 反义词:赞叹、赞美。

(14) 无谓

　　A. ～的争执、～的争吵、～的争斗、～的斗争、～的努力、～的追求、

～的牺牲、～的尝试、～的哭泣、～的折磨。
B. 反义词:有益。

(16) 庸人自扰
A. 作谓语:这件事已经过去了,你何必～呢?
B. 作宾语:别人的玩笑话她也当真,这纯属～。

(19) 自吹自擂
A. 作谓语:在公司里,马处长总是十分谦虚,从不～。
B. 作宾语:他这个人就爱(喜欢)～。
C. 近义词:自我吹嘘。

(20) 咋咋呼呼
A. 作谓语:昨天领导找小赵谈话了,提醒她在办公室里要安静点儿,别～的。
B. 作状语:那些球迷～地进了看台。
C. 作定语:那群～的人都是从哪儿来的?

(21) 装腔作势
A. 作谓语:你看他,又在那儿～了,真让人受不了。
B. 作定语:小李看不惯像张处长这样的～、虚伪的人。
C. 作状语:那个政客在电视里～地大讲廉政的重要性,私下里却收受了很多贿赂。

(25) 连篇累牍
A. 作谓语:近来报纸上有关这件事情的报道连篇累牍、铺天盖地,其数量之多已到了无法忍受的地步。
B. 作状语:关于这件事情,这位记者～地发了许多不实消息。
C. 作定语:面对大家～的批评、指责,王大山一声不吭。

(29) 一厢情愿
A. 同"一相情愿"。
B. 作定语:要求所有企业都只盈不亏,只生不死,在市场经济中无疑是～的幻想。

C. 作宾语：我可能是～，自作多情，李芳八成不会同意和我约会。
D. 作状语：开拓农村市场首先要促进农民增收，而不能～地沿用过去开拓农村市场的办法来解决现在的问题。
E. 作谓语：要想真正解决问题，对立的双方都要考虑对方的利益，不能～。

(39) 鸡毛蒜皮
A. 作定语：这种～的小事没必要跟他们计较。
B. 作宾语：他的书里尽写些～，什么见到了谁、吃了什么之类的，没什么看头。

(40) 蝇营狗苟
A. 作定语：公司里总有些～的小人，自己不好好工作，也不让别人好好工作。
B. 作谓语：他一辈子～，又得到了什么呢？
C. 反义词：光明正大。

(52) 联想
A. 名词：产生无限的～、启发大家对山水的～、丰富的～、激发～、词语～学习。
B. ～到/起＋名词：看到圆月，你会～到什么呢？听了小姑娘的倾诉，老人～起自己童年时的生活。

(53) 诸如
A. ～a、b、c……等等：关于月球，自古以来就有很多美丽动人的传说，～嫦娥奔月、玉兔捣药、吴刚伐桂等等。
这位学者对中西文化史上一些有代表性的人物及其学说（～孔子与歌德、庄子的变化观与黑格尔的变化观）作了比较研究的尝试。
B. 固定搭配：诸如此类。

(62) 全方位
A. ～(的)＋名词：～的调查、～的了解、～的国际竞争、～的服务、～的合作。

B. ~(地)+动词:~地开放粮食市场、~地展开调查、~地应用、~地对外开放、~地检查、~地推进税制改革。

C. 近义词:全面;反义词:局部。

(69) 狭隘

A. 宽度小:~的山道、~的水道、~的天地、~的空间。

B. (心胸、气量、见识等)局限在一个小范围里:~的人、~的思想、~的观念、~的见解、~的生活经验、~的民族主义、~的文化、~的小农意识、心胸~。

C. 近义词:狭小、狭窄;反义词:宽广、宏大、开阔。

(70) 偏执

A. ~的+名词:~的人、~的性格、~的想法、~的态度、~的心态、~的立场。

B. ~地+动词:~地认为、~地推断、~地断定。

C. 固定搭配:~狂、~一端。

(78) 一惊一乍

A. 作谓语:别~的,这个小区安全得很,哪里会有小偷?

B. 作宾语:这个小王,就爱~的。

C. 作状语:假如某一天我心情不错,穿件新衣服,涂了点口红什么的,她们准会~地问我是不是有了喜事。

(79) 提心吊胆

A. 作谓语:那个司机一会儿超速、一会儿急刹车,车内的乘客无不~。

B. 作状语:这一下可好了,风暴已过去,不必再~地过日子了。

C. 反义词:高枕无忧。

(80) 陷入

~沉思、~思索、~纷争、~困境、~绝境、~尴尬的境地、~两难境地、~家庭丑闻、~危机、~经济衰退、~昏迷状态。

第九课　无为·逍遥·不设防

(82) 恩恩怨怨
　　A. 作主语:这两个国家之间的～,不单影响了两国的关系,也影响到了国际社会。
　　B. 作谓语:除了他们自己,还有谁能化解这对夫妻之间的～？

(83) 抠抠搜搜
　　A. 也作"抠抠缩缩"。
　　B. 作谓语:给女朋友买生日礼物,可别～的。
　　C. 作定语:虽说他现在有钱了,可还是改不了从小养成的～的习惯。
　　D. 近义词:小里小气;反义词:大手大脚。

(84) 嘀嘀咕咕
　　A. 作谓语:与其私下里～,不如公开表达自己的看法。
　　B. 作状语:他们俩～地商量了半天,生怕别人听到。

(91) 配
　　A. 什么样的球迷才～称为铁杆球迷？你觉得他～不～当总统？像他这样蝇营狗苟的阴谋家,不～得到大家的尊重。
　　B. ～得上:老舍先生这样的作家,～得上"人民艺术家"这样的称号。
　　C. ～不上:阿姨给小玉介绍了个对象,小玉很喜欢对方,却又担心自己条件不够好,～不上人家。

(95) 枚
　　一～硬币、一～勋章、一～奖章、一～印章、一～邮票、一～果实、一～火箭、～导弹。

(99) 不轨
　　A. 形容词:～行为、～的想法、有～之事、无～之心、无～之念。
　　B. 反义词:正当。
　　C. 固定搭配:心怀～、图谋～。

(106) 收效
　　A. ～如何、～明显、～显著、～快、～甚微、没有～、毫无～、取得了一定的～。

B. 近义词:效果、成效。

(109) 雕虫小技
A. 作主语:这些～,我才不愿意学呢。
B. 作宾语:古代的百工技艺、书法篆刻……无不被视为～。而此种小技,与经国安邦的大道相比,当然就微不足道了。
C. 反义词:雄才大略。

(111) 贻笑大方
A. 作谓语:他装腔作势、连篇累牍地说了半天,结果呢? 当然～。
B. 作定语:如果多看看书,多思考思考,就不会写出这种～的文章了。
C. 作宾语:演出之前,你最好多多练习,以免～。

(112) 言行不一
A. 作谓语:蝇营狗苟的人通常都～。
B. 作定语:他是个～的人。
C. 近义词:言而无信;反义词:言行一致。

(113) 当场
A. ～+动词:～出丑、～表演、～回答问题、～死亡、～饮弹身亡、～处罚、～公布成绩。
B. ～+被+动词:～被抓、～被砸、～被录用。

(116) 笑柄
A. 名词:成了别人的～、成为全世界的～、被人当作～、被传为～、拿他当～、把自己变成了大家的～、这样做只是徒增～。
B. 近义词:笑话。

(117) 不伦不类
A. 作定语:这种不古不今、不中不西、～的组合,只会让人觉得很不协调。
B. 作补语:穿了西服、黑皮鞋,倘若再穿旅游鞋就显得～了。
C. 作谓语:"卡拉OK"这样的词～吗?

D. 反义词:像模像样。

(118) 孤家寡人

A. 作主语:~有什么好处？没有别人的支持什么都干不成。

B. 作宾语:最后她把所有的人都得罪光了,大家都离得她远远的,成了个~。

C. 作定语:国民议会、参议院和地方议会都决定不再支持总统,总统已经陷于~的境地。

(122) 风言风语

A. 作主语:别人的~干扰不了我,我还是会按照原来的计划做下去。

B. 作宾语:你听到了什么~？

(124) 动不动

A. ~就+动词/动词结构:我妹妹小时候~就哭,那时候我就给她娃娃、巧克力什么的。

B. ~(就)+动词结构:德温脾气最坏,~(就)大叫大闹,总想称王称霸。

(125) 自哀自叹

A. 作谓语:王丰一边喝酒,一边~。

B. 作状语:那个乞丐~地走到过街桥上,坐了下来。

(126) 千千万万

A. 作定语:那个大牌明星之所以受到广告商的欢迎,是因为他的背后有~个影迷。资金短缺,成为各级政府、~工商企业共同求解的难题。

B. 作谓语:世界快速发展,每年产生的新生事物~,我们怎么可能什么都知道呢？

(132) 得逞

A. 动词:幸好那些恐怖分子的计划没有~,否则又会有很多无辜的人遇难。那些小人不怀好意的阴谋是不会~的。

B. 近义词:实现。反义词:失败。

C. 含贬义。

二、词语辨析部分(见教材 pp.231~237)的异同归纳及补充练习

1. 启迪——启发——启示

◆ 相同之处:

	启 迪	启 发	启 示
1.语义:	都有表示打开思路,有所领悟的意思。		
2.词性:	都是动词。		

◆ 相异之处:

	启 迪	启 发	启 示
1.语义:(见例1、2、3)	侧重于通过事例,使人产生联想,从而有所领悟。问题的结论或答案往往由受启发者自己得出。		侧重于直接揭示事理,让人提高认识。
2.搭配:(见例4、5)	不可以。	可以构成"启发式"、"启发性"等词语。	不可以。
3.搭配:(见例6、7)	不可以。	可以带比较复杂的小句作为宾语。	不可以。
4.语体:	书面语的色彩更浓。	口语和书面语。	书面语的色彩更浓。

【练习】

1. 老子的《道德经》虽然很短,但是极具(　　　)性。

2. 老子的《道德经》(　　　)我们:无为才能无所不为。

3. 那位演讲者的话意味深长,给听众以深刻的(　　　)。

4.《老子的帮助》这本书(　　　)读者了解老子的思想在现实人生和社会中的意义。

2. 争执——争论

◆ 相同之处：

	争执　　争论
1.语义：(见例1)	都有表示持有不同意见，互相辩论，力争说服对方的意思。
2.词性：	都是动词。

◆ 相异之处：

	争执	争论
1.语义：(见例2、3、4)	着重于固执地相争，互不相让，态度强硬；多用于个人与个人之间，派别与派别之间，常含有贬义。	着重于据理力争；争论的双方可以是个人，也可以是派别、团体、政党、国家等；是中性词。
2.搭配：(见例5、6、7、8)	不能带宾语，可以带补语。	可以带宾语，也可以做"发生"、"进行"、"展开"等动词的宾语。

【练习】

1. 父母常常因为孩子的教育问题而发生(　　　)。
2. 同学们(　　　)了半天，聚会的地点还是不能落实。
3. 你们俩在(　　　)什么呢？我也想听听。
4. 这两个总统候选人在税制改革问题上(　　　)不休。

3. 开阔——宽阔——广阔——辽阔

◆ 相同之处：

	开阔　　宽阔　　广阔　　辽阔
1.语义：(见例1、2、3)	都有"阔"字，在形容事物时都有面积大、范围广的意思。
2.词性：	都是形容词。

◆ 相异之处：

	开阔	宽阔	广阔	辽阔
1. 语义：(见例 4、5、6、7)	在形容地方的时候，很大的地方和比较小的地方都可以形容。	着重于又宽又广，一般形容道路、江河等大型的事物，语义比"开阔"重，也可以形容人体。	语义比"宽阔"更重一些。	语义是最重的。
	都可以形容"胸怀"、"心胸"等抽象事物。			只能用于自然事物。
2. 词性：(见例 8、9)	还可作动词。	不可以。	不可以。	不可以。
3. 搭配：(见例 10、11、12、13)	可以形容具体的地方，也可以形容眼界、境界、思想等抽象事物。	除了可以形容自然事物以外，还可以形容人体，也可以用于抽象事物。	常搭配：范围、领域、前途、背景、现实生活。	只能形容自然事物，不能形容抽象的事物。

【练习】

1. 从《中国哲学简史》这本书中，可以看出作者冯友兰先生(　　　　)的眼界。
2. 老师富有启发性的一番话，(　　　　)了大家的写作思路。
3. 中国的西北部有大片大片(　　　　)的沙漠。
4. 这些年轻人被IT业(　　　　)的发展前景所吸引，决定投身这一行业。

4. 获取——夺取

◆ 相同之处：

	获取	夺取
1. 语义：(见例 1、2、)	都有努力争取得到的意思。	
2. 词性：	都是动词。	

◆ 相异之处：

	获 取	夺 取
1. 语义(一)：(见例3、4)	着重于经过努力使变为己有，常含有褒义。	着重于下大力争取而得到，语义比"获取"重，色彩是中性的。
2. 语义(二)：(见例5、6)	没有这层意思。	还表示用武力从对方那里强取。
3. 搭配：(见例7、8)	获取信任/获取政权/获取利益/获取胜利/获取幸福/获取知识/获取享受/获取情报/获取食物/获取财物/获取金牌/获取果实	夺取政权/夺取利益/夺取丰收/夺取胜利/夺取土地/夺取地盘
4. 重叠：		

【练习】

1. 那个处长靠着一张巧舌如簧的嘴,(　　　　)了总经理的信任。
2. 那些军人利用武力(　　　　)了政权,建立了军人政府。
3. 在这次比赛中,为什么北京队能战胜所有的对手,(　　　　)最终的胜利?
4. 互联网早已成为我(　　　　)信息的最重要的来源之一。

5. 超越——超过

◆ 相同之处：

	超　越　　　超　过
1. 语义：	都有从某人或某物的后面赶到前面的意思。
2. 词性：	都是动词。

◆ 相异之处：

	超越	超过
1. 语义(一)：(见例1、2、)	语义略重一些。	语义略轻。
2. 语义(二)：(见例3、4、5)	没有这个意思。	还有高于某一基准的意思，相当于"比……还高"、"在……之上"。
3. 搭配(一)：(见例6、7)	结合得比较紧密，中间不能插入任何词语。	能插入"得"、"不"，构成"超得过"、"超不过"。
4. 搭配(二)：	常与"自我"、"自己"、"障碍"、"职权"、"国界"等词语搭配。	没有这些搭配。
5. 语体：	多用于书面语。	兼用于口语和书面语。

【练习】（第3题每空一字）

1. 我希望这次考试的成绩能(　　　　)85分。
2. 任何公务员都不应做(　　　　)职权的事情。
3. 无论如何，我的篮球水平都(　　　)不(　　　)姚明。
4. 友谊是(　　　)国界的。

肆　课文教学

一、课文教学说明(课文见教材 pp.219～222)

1. 关于文体：本文是一篇思想随笔。

2. 关于内容：作者打通传统文化与现实人生，以极其坦诚的态度从无为、逍遥、不设防三个方面与读者分享了自己的人生哲学，更启发人们进行关于世道人心、生命智慧的思考，为心灵的安顿寻找支持，为人际的和谐找到办法。

3. 关于语言：成语、排比句较多，语言简洁有力，给人干净利落之感。

二、课文内容提问

1. 对"无为"的消极的理解是什么？作者是否认同这种看法？
2. 作者认为"无为"就是不干什么样的事？

3. 作者认为"无为"就是尽力戒除哪些方面？
4. "无为"与"有为"是什么关系？
5. 为什么"无为"又是养生原则、快乐原则？更是道德原则？
6. 作者说了很多的"无为是……"，对你来说，哪个难以理解？
7. 作者认为"逍遥"二字美在哪儿？
8. 对作者来说，"逍遥"是一种什么样的审美的生活态度？
9. 怎样才能逍遥地生活在天地之间？
10. 作者是怎么看待人事纠纷的？
11. 作者最宝贵的人生信条是什么？你认为原因可能是什么？
12. "不设防"的核心是什么？
13. 为什么没有设防的必要？
14. "大道无术"是什么意思？
15. 设防只是小术，其后果是什么？
16. "往自己脸上贴金"是什么意思？
17. 为什么不设防是作者最好的保护？
18. "没有时间"为什么是"不设防"的一个重要原因？
19. 明明知道不设防有时会吃亏，可是作者为什么还是要不设防呢？
20. 文章中所说的不设防的理由一共有几个？

三、教学活动建议

1. 让学生课前查找道家思想有关资料，特别是"无为"、"逍遥"。进入相关课文前进行交流。
2. 把全班同学分成几组，每组选择课文的一个部分，大家一起讨论这一部分中哪句话对自己最有启发，哪句话最不好理解。然后向全班同学报告。
3. 辩论：
   辩题：应不应该设防？
   正方：应该设防。(俗话说："害人之心不可有，防人之心不可无。")
   反方：不应该设防。
4. 选取王蒙《老子的帮助》有关视频(2009 北京卫视《中华文明大讲堂》)，分组讨论其中哪些内容与课文相关。

伍 参考答案

一、词语辨析补充练习(见使用手册pp.170~174)参考答案

1. 启迪——启发——启示
   ①启发　②启示　③启迪　④启发

2. 争执——争论
   ①争执　②争论　③争论　④争执

3. 开阔——宽阔——广阔——辽阔
   ①开阔　②开阔　③辽阔　④广阔

4. 获取——夺取
   ①获取　②夺取　③夺取　④获取

5. 超越——超过
   ①超过　②超越　③超过　④超越

二、语言点练习(见教材pp.238~244)参考答案

1. 有所

   【练习】用上面所给出的搭配(包括"有所……"和"无所……")填空

   (1) 有所下降　　(2) 无所不能　　(3) 有所好转
   (4) 有所耳闻　　(5) 无所适从　　(6) 有所保留
   (7) 无所畏惧　　(8) 无所作为

2. 得以

   【练习】用"得以"完成下面的对话

   (1) A：最近你的汉语水平进步了不少,有什么秘诀吗？
       B：多亏我和同屋约定只说汉语,我的汉语水平才<u>得以提高</u>。

   (2) A：你觉得在中国留学最大的收获是什么？
       B：通过留学,我的很多想法<u>得以改变</u>,这是我最大的收获。

   (3) A：听说老刘在登山时迷路了,后来是怎么获救的？
       B：很多志愿者上山寻找,终于找到了,老刘<u>得以生还</u>。

   (4) A：快告诉我,你是怎么学会游泳的四种不同的姿势的？
       B：我的教练特别好,在他的指点下,我才<u>得以学会</u>。

3. (逍遥)处之

【练习】用上面所举的例子填空

(1) 谨慎处之　　(2) 漠然处之　　(3) 冷静处之

(4) 悠然处之　　(5) 乐观处之　　(6) 断然处之

4. 徒

【练习】(一) 用上面所举的"徒+动词"的例子改写句子和完成对话

(1) 这家公司以前很有实力,现在经营不善,到了崩溃的边缘,只是徒有虚名而已。

(2) "绣花枕头"指的是那种徒有其表,没有真才实学的人。

(3) A:唉,找工作真难呀!跑断了腿,说破了嘴,还是找不到一个理想的,都快愁死我了!

  B:你这样唉声叹气的,只能让自己徒生烦恼,还是和我一起去听音乐会吧。

(4) A:现在回想自己小时候的事,你觉得最可惜的是什么?

  B:当时不懂事,做错了很多事,徒留遗憾。

(二) 用"徒然"改写下面的句子：

(5) 你这样整天泡网吧,别的什么也不干,徒然增加些游戏技术,不会有什么别的收获的。

(6) 有人认为这部电影徒然具备优美的画面,而内容空洞,情节单调,语言贫乏,实在称不上是一部优秀的影片。

(7) 按照你的思路来修改这座雕塑,徒然改变一些细节,没有根本性的创新。

(8) 你们公司制订的这些霸王条款徒然有利于自己,严重损害了消费者的合法权益,所以必须加以修改。

5. 不(伦)不(类)

【练习】用上面的例子填空

(1) 不醉不休　　(2) 不即不离　　(3) 不三不四

(4) 不胖不瘦　　(5) 不言不语　　(6) 不浓不淡

(7) 不偏不倚　　(8) 不折不扣　　(9) 不疼不痒

6. 一无(所长)

【练习】(一) 选用上面的词语填空
(1) 一无所有　　(2) 一无所获　　(3) 一无是处
(4) 一无所得　　(5) 一无所见　　(6) 一无所知

(二) 用上面所举的例子完成对话：
(7) A:你对书里面的男主人公有何评价？
　　B:这个人一无所长。
(8) A:我最近想买一辆汽车,你在这方面有什么好经验吗？
　　B:真抱歉,我对汽车一无所知。
(9) A:昨天的人才招聘会怎么样？有没有你中意的职位？
　　B:我转了半天,一无所获。
(10) A:你在戴教授家还见到了什么人？
　　B:除了满屋的书以外,一无所见。

7. 虽(失)犹(得)

【练习】选用上面的词语填空
(1) 虽得犹失　　(2) 虽败犹荣　　(3) 虽失犹得
(4) 虽胜犹败　　(5) 虽死犹荣　　(6) 虽丑犹美

三、部分"综合练习"(见教材 pp.245~253)参考答案

Ⅰ 词语练习

一、填入合适的名词

(一) 论证(观点)　　付出(感情、代价)　　力戒(急躁、浮躁)
　　纵横(南北、沙场)　陷入(沼泽、绝望)　攻破(防线、城市)
　　获取(信息、信任)　超越(自我、前人)

(二) (自我)设防　　(结果)无效　　(思想)有害
　　(官场、宦海)沉浮　(阴谋)得逞

(三) 无谓的(争执、牺牲)　真诚的(话、朋友)　豁达的(老人、思想)
　　沉稳的(态度、作风)　开阔的(场地)　　狭隘的(人、心理)
　　坦荡的(胸怀)　　　火热的(生活)　　机灵的(猴子)

二、填入合适的动词

(计较)得失　　(说)空话　　(设定)前提

(达到、进入)境界　　　(培养、失去)耐心　　　(躲避)暗箭
(寻找)信条　　　　　(发现、攻击)弱点　　　(建立)防线

三、填入合适的形容词或副词
(一) (毫无意义)的空话　　(苛刻)的前提　　(崇高)的境界
　　 (稀有)的物种　　　　(可怕)的陷阱　　(坚固)的防线
(二) (激烈)地争执　　　(有力、充分)地论证　　(无私)地付出
　　 (贪婪)地获取　　　(豁达)地自嘲　　　　(大大)地超越

四、填入合适的量词
一(种)境界　　　　一(根、条)辫子
一(枝)箭　　　　　一枚(印章、奖章、硬币、火箭)

五、写出下列词语的近义词或反义词
(一) 写出近义词
　　启迪——启发、启示　　　获取——获得、取得
　　开阔——广阔、辽阔　　　超越——超过、逾越
　　偏执——执着　　　　　　坦荡——坦然
　　弱点——缺点　　　　　　机灵——灵活、灵敏

(二) 写出反义词
　　有害——无害　　　自尊——自卑　　　豁达——狭隘
　　沉稳——急躁　　　获取——失去　　　好学——厌学
　　新奇——老套　　　至多——至少　　　火热——冰冷、冰凉
　　核心——边缘、外围　弱点——优点　　真诚——虚伪

六、选词填空
1. 宽阔　2. 最后　3. 乃至　4. 夺取　5. 广阔;
6. 启发　7. 甚至　8. 最后　9. 开阔　10. 获取
11. 争论　12. 辽阔　13. 超过　14. 启发　15. 开阔
16. 超越　17. 争执　18. 最终　19. 超过

七、解释句中画线词语的意思
1. B　　2. C　　3. C　　4. A　　5. C
6. B　　7. A　　8. B　　9. C　　10. A
11. C　　12. A　　13. A　　14. A　　15. C
16. B　　17. B　　18. A　　19. C　　20. A

八、用所给的词语填空,并模仿造句
1. 连篇累牍　2. 贻笑大方　3. 庸人自扰　4. 一无所长

5. 口抠搜搜   6. 一厢情愿   7. 风言风语   8. 自吹自擂
9. 提心吊胆   10. 鸡毛蒜皮   11. 不伦不类   12. 装腔作势

Ⅱ 课文理解练习

一、根据课文内容判断正误

1. √   2. ×   3. ×   4. ×   5. √
6. √   7. ×   8. √   9. √   10. √
11. √   12. ×   13. √   14. ×   15. √
16. √   17. ×   18. ×   19. √

四、部分"阅读与理解"(见教材 p.256)**参考答案**

（一）根据文章内容判断正误

1. √   2. √   3. ×   4. ×   5. ×   6. ×
7. √   8. √   9. ×   10. ×   11. ×   12. ×
13. √ 14. ×   15. √   16. √

陆　文化知识点补充说明

道家哲学思想点滴

道家思想和儒家思想、佛家思想一起构成了中国传统思想文化的内核。道家思想的创始人是老子。老子是春秋时期思想家，姓李名耳，字伯阳，又称老聃，楚国苦县(河南鹿邑人)。晚年著五千言的《道德经》（又名《老子》）。《道德经》含有丰富而深邃的哲学思想，国外版本有一千多种，是被翻译语言最多的中国书籍。庄子（约前369—前286）传承并发展了老子的思想，是战国中后期道家学派的代表人物。

无为：是老子《道德经》中的重要概念。老子所谓的"道"，就是宇宙的本源，"道"无形无象，宇宙万物都由此生化而来，"道法自然"，大道无为。由此，老子认为统治者治理国家应该"无为而治"，"无为"就是顺应民心，"为而不争"，让老百姓按照自然方式去生活，甚至感觉不到统治者的存在。老子又说"无为而无不为"。

无为并非什么都不干,而是要无为而为,在顺乎自然的前提下有所为。

逍遥:《庄子》中的第一篇是《逍遥游》。这里所说的"游",是指精神上、心灵上的"游",也就是"游心"。所谓逍遥游的境界,就是在无限的生的痛苦与现实的束缚中,追求自己能够超脱而出,进入自由而快乐的境界,培育一个完全自主的、属於灵性的并充满和谐的广大精神世界。在庄子看来,各种荣誉和非难都是外在的,而这种精神世界是内在的,培育这种精神,追求人生的真我,以求逍遥,这才是重要的。

第十课　音乐之伴

 壹　背景材料

一、作者张抗抗,1950年出生于杭州,祖籍广东新会。1966年于杭州第一中学(现杭州高级中学)初中毕业,1969年赴北大荒上山下乡,在黑龙江省鹤立河农场劳动、工作8年。1972年开始发表作品,1977年考入黑龙江省艺术学校编剧专业。1979年毕业后调入黑龙江省作家协会从事专业创作至今。现任黑龙江省作家协会副主席,国家一级作家,中国作家协会第五届全国委员会委员,黑龙江省第六、七、八届政协委员。

从事写作以来,已发表短、中、长篇小说、散文共计400余万字。出版各类专集40余种,代表作《张抗抗自选集》5卷,主要作品有长篇小说《分界线》、《隐形伴侣》,小说集《张抗抗中篇小说集》、《夏》、《塔》、《淡淡的晨雾》等。

二、张抗抗的小说以对人的尊严和价值、人生的意义和人性结构的关注为主旋律。她善于展现特定时代的青年人从迷茫到躁动、到抗争的心理历程,人物的心理状态在她细腻的笔下显得活灵活现。

对生活独特的思考和敏锐的感受,使她作品中的人物理性色彩浓厚,作品极具个性的锐气和锋芒。

贰 教学目标与步骤

一、教学目标

语　言	内　容	文　化
1. 理解并运用本课的重点词语(见"重点词语讲解")。 2. 掌握词语辨析： 　(1) 柔和—柔软 　(2) 领悟—领略 　(3) 扩张—扩大—扩充 　(4) 麻木—麻痹—麻醉 　(5) 永恒—永久—永远 3. 掌握语言点： 　(1) 各(司)其(职) 　(2) 一度 　(3) 可(视)可(感) 　(4) 可有可无 　(5) 无须 　(6) 无(形)无(状) 　(7) 无影无踪	1. 朗读全文，准确、深入地理解作者所表述的内心情感和对音乐的看法。 2. 文章认为从幼年、少年、青年时代到俗事缠身的中年、心境淡泊的老年，在人生的不同阶段，对人生的感悟不同，对音乐的喜好也有所不同。 3. 作者从自己对音乐的喜好变化的角度，回顾了自己心智的成长过程。	1. 了解"阳光灿烂的日子"。 2. 了解六七十年代的革命歌曲。

二、教学步骤

1. 导入。介绍课文内容及背景。
2. 词语1～46。词语辨析1。
3. 第一部分课文(为信仰和理想奔走)。注释1。语言点1～2。
4. 词语47～88。词语辨析2、3。
5. 第二部分课文(毕竟还有一种依稀的幸福感)。语言点3。
6. 词语89～129。词语辨析4、5。
7. 第三部分课文。语言点4～5。
8. 做"综合练习"。
9. 阅读与理解。

三、建议课时：8课时。

叁　词语教学

一、重点词语讲解(词语见教材 pp.260~265)

(3) 旋律

美妙的～、动听的～、简单的～、复杂的～、熟悉的～、欢快的～、轻快的～、悲伤的～。

(4) 稚拙

A. ～＋的＋名词:～的孩子、～的动作、～的样子、～的旋律、～的字迹、～的文章、～的想法。
B. 近义词:幼稚、笨拙;反义词:成熟。

(12) 各司其职

A. 作谓语:办公室里每个人都～,但又合作得十分默契。
B. 作定语:赛场上,前锋、中锋、后卫,～的球员们都铆足了劲儿,观众们也不停地为他们加油呐喊。

(15) 钦慕

A. ～的对象、～的恋人、～的异性、值得～、十分～、～不已。
B. 近义词:爱慕。

(18) 倾诉

A. ～感情、～心事、～烦恼、～衷情、尽情～、纵情～、向朋友～。
B. 近义词:诉说。

(19) 呼唤

A. 名词＋的＋～:时代的～、生命的～、爱的～、爱情的～、远山的～。
B. ～＋名词:～春天、～他的名字、～爱。
C. 副词/形容词＋地＋～:轻轻地～、大声地～、放声地～、纵情地～、温柔地～。
D. 近义词:呼喊、召唤。

(20) 细微末节
　　A. 作主语:这些~我看就算了吧。
　　B. 作宾语:导演十分认真,决不忽视任何一个~。
　　C. 作定语:老李还在为这些~的事伤脑筋。

(25) 冲动
　　A. ~的少年、~的情绪、容易~、一时~、不要~、太~了、过于~。
　　B. 反义词:冷静、理智。

(26) 饥不择食
　　A. 作定语:~的灾民们把食物一抢而光。
　　B. 作谓语:那只老虎~,竟然吃起了自己的同类。
　　C. 作补语:他饿得~。
　　D. 扩展:寒不择衣、慌不择路。

(27) 来者不拒
　　A. 作谓语:那位老中医无论病人有钱无钱,都~,尽心给人看病。
　　B. 近义词:有求必应;反义词:拒之门外。

(32) 托付
　　A. ~＋名词:~一生、~感情、~自己的一切。
　　B. 把＋名词＋~给……:把行李~给朋友、~把孩子~给保姆。
　　C. 形容词＋地＋~:放心地~、小心地~、郑重地~、随便地~、随意地~。

(41) 雄壮
　　A. (气派、声势)强大:~的乐曲、~的歌曲、~的声音、~的步伐、~的气势。
　　B. (身体)魁梧强壮:身材~。

(43) 激情
　　缺乏~、充满~、满怀~、表现~、释放~、宣泄~、点燃~、~四溢。

(50) 试图
　　A. ～+动词：～说明、～解释、～反映、～翻译、～设计、～申请、～超过、～离婚。
　　B. 近义词：尝试。

(59) 深不可测
　　A. 作定语：～的大海、～的内心世界。
　　B. 作谓语：这个人～，十分神秘。
　　C. 作状语：老王～地笑了笑，似乎在说这件事不像看上去的那么简单。
　　D. 近义词：高深莫测；反义词：一目了然。

(64) 临摹
　　A. ～凡高的画、～王羲之的字、～古代的作品、～书法作品、反复～、擅长～。
　　B. 近义词：模仿；反义词：创作。

(72) 缠身
　　名词+～：琐事～、俗事～、公务～、疾病～、病痛～、麻烦～、绯闻～。

(75) 奢侈
　　A. ～的生活、～的要求、～的房子、～的品牌、生活得很～、～消费。
　　B. 反义词：朴素、简朴。
　　C. 固定搭配：～品。

(77) 百无聊赖
　　A. 作定语：退休以后，老张对生活就失去了激情，整日过着～的生活。
　　B. 作谓语：下班以后，他～，就一个人去了酒吧。
　　C. 作状语：他～地躺在沙发上，随手拿起了一份旧杂志浏览了起来。
　　D. 近义词：兴味索然；反义词：兴致盎然、兴致勃勃。

(78) 节制
　　A. ～自己、～欲望、～情感、注意～、要有～、没有～、毫无～。
　　B. 近义词:控制;反义词:放纵。

(81) 割断
　　A. ～绳索、～联系、～纽带、～情谊、～情思、彻底～。
　　B. 近义词:斩断、割开;反义词:连接。

(86) 缠绵
　　A. 纠缠不已,不能解脱(多指病或感情):～的感情、～的爱、～的往事、情谊～、～病榻。
　　B. 宛转动人:歌声柔和～、～的情歌。

(91) 摈除
　　A. ～+名:～恶习、～陈规陋习、～恶念、～欲念、～私心、～杂念、～异己。
　　B. 近义词:去除、排除、抛弃;反义词:接受、欢迎。

(92) 枯涩
　　A. 枯燥无味,不流畅:文字～、～的内容。
　　B. 干燥不滑润:～的手、～的皮肤、～的头发、～的面容、～的树枝。

(93) 灰暗
　　A. ～的天空、～的房间、～的色彩、～的心理、～的内心世界、～的人生、眼前一片～。
　　B. 近义词:昏暗、暗淡;反义词:光明、明亮。

(94) 饱满
　　A. 丰满:颗粒～、～的果实。
　　B. 充足:精神～、～的热情、～的内心世界。

(95) 滋润
　　A. 形容词。含水分多,不干燥:空气～、皮肤～。
　　B. 动词:增添水分,使不干枯:雨水～着大地、皮肤需要～一下。

C. 形容词。〈方〉舒服：日子过得挺～。

(96) 无须

～＋动词：～说明、～隐瞒、～怀疑、～解释、～追究、～难过、～追忆、～依赖。

(98) 挑剔

A. 过于～、十分～、对饮食很～、对衣服一点儿也不～、对吃的住的从不～。
B. 近义词：挑拣、苛刻。

(100) 不堪入耳

A. 作定语：我实在无法忍受如此～的声音。
B. 作谓语：那个女人的叫骂声～，我只好捂住了耳朵。
C. 扩展：不堪入目／不堪回首、不堪重负、不堪想象。

(102) 排除

A. ～积水、～险情、～故障、～隐患、～困难、～烦恼、～不良影响、～他杀的可能、～嫌疑。
B. 近义词：消除。

(104) 淡泊

A. 也作"澹泊"。
B. ～的生活、～的心境、～名利、～寡欲、～明志。
C. 反义词：热衷。

(111) 博大

A. ～的胸怀、～的胸襟、学问～而精深。
B. 近义词：广博；反义词：狭隘。

(119) 激起

A. ～波浪、～回声、～学习兴趣、～怒火、～民众愤怒、～公愤、～斗志、～大家的希望、～欲望、～共鸣。
B. 近义词：激发、引起。
C. 固定搭配：一石～千层浪。

(120) 空灵
　　A. ～的画作、纯净～的声音、清新～的音乐、～脱俗、～之美、给人以～和幽深之感。
　　B. 反义词：死板。

(124) 流逝
　　A. 时间～、时光～、岁月～、生命～、～的瞬间、～的青春、迅速～、匆匆～、悄悄～。
　　B. 近义词：流失。

(127) 自然而然
　　作状语：他和小敏～地走到了一起，成为了恋人。他希望自己能～地生活、～地呼吸。

二、词语辨析部分(见教材 pp.266～271)的异同归纳及补充练习

1. 柔和——柔软

◆ 相同之处：

	柔　和　　　柔　软
1. 语义：	都有不坚硬的意思。
2. 词性：	都是形容词。

◆ 相异之处：

	柔　和	柔　软
1. 语义：(见例1、2、)	强调的重点是平和，常与"强硬"、"刚强"相对。	强调的重点是软和，常与"坚硬"相对。
2. 搭配(一)：(见例3、4、5、6)	可形容具体事物，还可形容抽象事物，与神色、眼光、眼神、性格、文笔、风格等有关的词语搭配。	形容具体事物。
3. 搭配(二)：	可以作状语用。	不能作状语。

【练习】

1. 躺在( )的沙滩上,疲惫的身体也随之放松了。

2. 春天的风( )地吹在每个人的脸上,如同妈妈的手抚摸着孩子。

3. 这家咖啡厅用( )的灯光营造出一种浪漫的气氛。

4. 体操运动员的身体都十分( )。

2. 领悟——领略

◆ 相同之处:

	领 悟　　领 略
1. 语义:	都表示了解事物的情况,进而提高对事物的认识。
2. 词性:	都是动词。
3. 语体:	都有比较强的书面语色彩。

◆ 相异之处:

	领 悟	领 略
1. 语义侧重点:(见例1、2)	着重在理解后明白、悟出(意思、道理等)。	着重在通过体会和观察,认识、欣赏或尝试(风景、风格等)。
2. 搭配:(见例3、4、5、6)	常与道理、意思、意义、含义、奥妙、精神、主题等抽象词语搭配。	既可以与风光、风景、景色、风味、滋味、风土人情等具体事物搭配,也可以与气势、情趣、情调、气息、意境等抽象事物搭配。

【练习】

1. 我希望通过这次西藏之旅,( )一下藏族的风土人情。

2. 细读《音乐之伴》之后,我( )到音乐和人的心智成长有着密不可分的关系。

3. 八十年代末,张艺谋的《红高粱》给当时的观众带来了不曾( )的视觉震撼。

4. 静心的过程,其实正是( )人生真正的意义的过程。

3. 扩张——扩大——扩充

◆ 相同之处：

	扩张　扩大　扩充
1.语义：	都有在原有基础上逐渐发展、壮大或增多的意思。
2.词性：	都是动词。

◆ 相异之处：

	扩张	扩大	扩充
1.语义侧重点：(见例1、2、3)	强调的重点是从内向外扩展开来，侧重在使加大。	强调的重点是指规模、范围由小到大，与"缩小"相对。	强调的重点则是事物内部的数量或内容由少到多，与"减少"相对。
2.语义(二)：	用于政治、军事等方面时含贬义，使用范围相对比较小。	是中性的,使用范围比较大。	
3.搭配(一)：(见例4、5、6)	扩张领土/扩张版图/扩张势力/扩张野心/扩张血管/扩张气管	扩大面积/扩大商店/扩大校园/扩大空间/扩大作用/扩大影响/扩大名声/扩大范围/扩大矛盾/扩大联系/扩大合作/扩大生意/扩大规模/扩大眼界/扩大视野/扩大市场/扩大差别	扩充人员/扩充设备/扩充资金/扩充机构/扩充内容/扩充材料/扩充文章/扩充数量/扩充实力/扩充实力
4.搭配(二)：	可以构成"政治扩张"、"军事扩张"、"经济扩张"、"文化扩张"、"扩张主义"、"扩张政策"等词语。	可以构成"扩大化"、"扩大会议"等词语。	没有这种搭配。

【练习】

1. 旅行有助于(　　　)视野。
2. 这篇论文作为毕业论文过于单薄,内容还需进一步(　　　　)。

3. 在经济（　　　）过程中，房地产、汽车、建材等行业都出现了局部投资过热。

4. 信息化时代，全球的贫富差别是否还将继续（　　　）呢？

4. 麻木——麻痹——麻醉

◆ 相同之处：

	麻木　麻痹　麻醉
1. 语义：	都表示身体的知觉失灵，也都可以引申为思想失去敏感性。
2. 词性：	都是动词。

◆ 相异之处：

	麻木	麻痹	麻醉
1. 本义：（见例1、3、5）	身体的某一部分由于外界事物、药物等的刺激或神经系统的某些疾患而产生暂时发麻的感觉。	身体的某一部分神经、血管或肌肉的机能由于外界各种事物的刺激或病变而发生暂时或永久的失常现象。是一种疾病，如"小儿麻痹症"、"神经麻痹症"。	由于医疗上的需要，用药物、针刺等刺激的方法使全身或身体的某部分的神经暂时失去反应。
2. 引申义：（见例2、4、6）	对外界事物反应迟钝。	丧失（或使人丧失）警惕。	用某种手段使人认识模糊、意志消沉。
3. 搭配：	不可带宾语。	可带宾语。	可带宾语。
4. 词性：	兼属形容词，可以受程度副词的修饰。	兼属形容词，可以受程度副词的修饰。	没有这种用法。
5. 固定搭配：	"麻木不仁"。	"麻痹思想"、"麻痹大意"。	"麻醉剂"、"麻醉品"、"麻醉药"、"麻醉术"、"麻醉师"、"自我麻醉"等。

【练习】

1. 一动不动地坐了将近半个小时,腿脚都(　　)了。
2. 一次又一次的打击,让小敏对一切都越来越(　　)了,没什么感觉,也没什么激情了。
3. 在被(　　)之前,手术台上的她一直担心不已。
4. 这次实验事关重大,千万不能(　　)大意。

5. 永恒——永久——永远

◆ 相同之处:

	永 恒　永 久　永 远
1. 语义:	都表示时间长久、久远。
2. 词性:(见例4)	都可作形容词。

◆ 相异之处:

	永 恒	永 久	永 远
1. 语义:(见例1、2、3)	重。	稍轻。	稍轻。
2. 搭配:(见例5)	多作定语。	多作定语、状语。	多作状语。
3. 词性:(见例6、7)	不可以。	不可以。	还可作副词。
4. 固定搭配:(见例8)	没有这种搭配。	"永久性"	没有这种搭配。

【练习】

1. 我(　　)不会忘记那些在我最困难的时候帮助过我的人。
2. 据统计,灾后需重建的(　　)住房达126.3万户。
3. 世界上是否存在(　　)的爱情?
4. 追求(　　),这一信念使得这位画家在艺术方面从不停下他的脚步。

肆 课文教学

一、课文教学说明(课文见教材 pp.257~259)

1. 关于文体:本文是一篇随感。
2. 关于内容:作者结合自己的人生经验,叙述了音乐在幼年、少年、青年、中年、老年所扮演的不同角色,同时展现了人们成长过程中心境的变化。
3. 关于语言:因为运用了较多比喻、拟人化的写法,使不可见的抽象的音乐也变得好像"人"一样有了生命。

二、课文内容提问

1. "音乐是有年龄的。"理由是什么?
2. 幼年时音乐为何像保姆?
3. 少女时代的作者,对音乐是什么样的情感?作者用了"心跳脸红"这个词,想说明什么?
4. "那一段'阳光灿烂的日子'"指的是什么时候?为什么这么说?
5. 在作者进入少年时代的尾声时,音乐何以成了"激情的象征"和"煽动性极强的燃料"?
6. "音符变得立体,有一种辐射和扩张的趋势。"这句话有什么意思?
7. 作者为什么把音乐世界比喻为"一条深不可测的隧道"?
8. 中年时音乐像什么?为什么这么说?
9. 没有音乐的老年,有哪两种原因?
10. 为什么说老年的音乐"有了一种宁静透明的质感"?
11. 总结一下,对于不同年龄段的人音乐像什么。
12. 文章开头说"音乐是有年龄的",后面又说"音乐似乎又是没有年龄的",是否自相矛盾?

三、教学活动建议

1. 让学生课下找一位与作者年龄相仿的人,了解一下对方在不同年龄段的音乐喜好,并与作者所说的进行一下对比。上课时进行讨论。
2. 音乐欣赏交流会:给大家欣赏并介绍一首你最近在听的歌或乐曲。
3. 分组讨论,然后全班进行简单交流:
    A. 音乐是有年龄的吗?从小时候到现在,你都喜欢过什么样的音乐?在什么时候产生过变化?

B. 音乐在你的生活中重要不重要?对你来说,音乐是什么?

C. 在你的国家,从上个世纪六十年代到现在,哪些音乐曾经特别流行过?

D. 音乐和时代、社会有关系吗?请举例说明。

4. 看电影《阳光灿烂的日子》片段,了解一下电影所反映的时代的社会价值和审美取向。

伍　参考答案

一、词语辨析补充练习(见使用手册pp.189~193)参考答案

1. 柔和——柔软
   ① 柔软　　② 柔和　　③ 柔和　　④ 柔软

2. 领悟——领略
   ① 领略　　② 领悟　　③ 领略　　④ 领悟

3. 扩张——扩大——扩充
   ① 扩大　　② 扩充　　③ 扩张　　④ 扩大

4. 麻木——麻痹——麻醉
   ① 麻木　　② 麻木　　③ 麻醉　　④ 麻痹

5. 永恒——永久——永远
   ① 永远　　② 永久　　③ 永远/永久/永恒　　④ 永恒

二、语言点练习(见教材pp.272~277)参考答案

1. 各(司)其(职)

   【练习】用上面所举的例子填空

   　　(1) 各负其责　　(2) 各行其是
   　　(3) 各司其职　　(4) 各得其所

2. 一度

   【练习】用"一度"的两个用法完成句子和对话

   　　(1) 这种花一年只开一度,而且花期也十分短暂。
   　　(2) B:据说是两年一度。
   　　(3) B:山田确实一度犹豫不决,但最终还是决定去了。

(4) B:中国一度因为大跃进、"文革"等运动而导致了经济衰退。

3. 可(视)可(感)

【练习】用上面所举的例子填空

(1) 可煮可炒　　(2) 可湿洗可干洗　　(3) 可收缩可伸展

(4) 可深可浅　　(5) 可明可暗　　　　(6) 可带可不带

4. 可(有)可(无)

【练习】用上面所举的例子填空

(1) 可圈可点　　(2) 可有可无　　(3) 可丁可卯

(4) 可歌可泣　　(5) 可丁可卯　　(6) 可有可无

5. 无须

【练习】用"无须"完成下面的句子和对话

(1) 只要你卖的东西质量好,而且服务也好,就<u>无须请明星做广告</u>。

(2) 医生嘱咐我说,平时注意养成好的生活习惯,同时注意饮食和休息就可以了,<u>无须打针吃药</u>。

(3) B:那边吃住行都很方便,无须担心。

(4) B:孔子的伟大之处,我无须再说什么,历史已经证明了一切。

6. 无(形)无(状)

【练习】从上面所举的例子中选择合适的词语填空

(1) 无风无雨　　(2) 无儿无女　　(3) 无电无水

(4) 有钱有势　　(5) 无头无尾　　(6) 有树有草

7. 无影无踪

【练习】从上面所举的例子中选择合适的词语填空

(1) 无亲无故　　(2) 无边无际　　(3) 无声无息

(4) 无忧无虑　　(5) 无缘无故　　(6) 无边无际

三、部分"综合练习"(见教材 pp.278～284)参考答案

I 词语练习

一、填入合适的名词

(一) 稚拙的(表情、动作)　　轻捷的(脚步、步伐)
　　柔和的(声音、光线)　　博大的(胸怀、心胸)
　　奢侈的(生活、享受)　　纯真的(孩子、笑容)
　　缠绵的(爱情、话语)　　枯涩的(头发、文章)
　　滋润的(生活、皮肤)　　倾诉(感情、心声)
　　呼唤(名字)　　　　　　摈除(恶习)
　　点燃(火炬、激情)　　　领悟(人生道理)
　　扩张(领土、版图)　　　临摹(古画、名作)
　　节制(感情)　　　　　　重温(往事、旧梦)

二、填入合适的动词

轻捷地(跳跃)　　欢欣地(歌唱、高喊)　　麻木地(生活)
奢侈地(生活)　　匆促地(离开)　　　　　激昂地(宣布)

三、填入合适的形容词

(幸福、不幸)的幼年　　(优美、美妙)的旋律　　(忠实)的伴侣
(火热)的内心　　　　　(难忘)的激情　　　　　(美好、艰难)的岁月

四、填入合适的量词

一(首)歌谣　　一(个)情人　　一(条)隧道　　一(种)情思

五、写出下列词语的近义词或反义词

(一) 写出近义词

稚拙——幼稚　　淳朴——朴实　　轻捷——轻快、敏捷
钦慕——敬慕　　永恒——永远　　纯真——纯洁
发泄——宣泄　　亢奋——兴奋　　忧伤——忧愁、悲伤
摈除——摈弃、去除　　扩张——扩大　　趋势——势头

(二) 写出反义词

灰暗——明亮、鲜艳　　柔和——刚强、强硬　　尾声——开头
发泄——忍耐、郁积　　激昂——低沉　　　　　亢奋——平静
淡泊——追求、热衷　　奢侈——节俭　　　　　麻木——敏感
枯涩——滋润、流畅　　挑剔——宽容　　　　　博大——狭窄、狭隘

六、选词填空

1. 永远	2. 扩大	3. 麻木	4. 扩充	5. 麻醉
6. 永恒	7. 扩张	8. 柔软	9. 麻痹	10. 领悟
11. 扩张	12. 永恒	13. 柔和	14. 麻醉	15. 领略

七、解释句中画线词语的意思

| 1. A | 2. C | 3. A | 4. B | 5. C |
| 6. A | 7. C | 8. C | 9. A | 10. B |

八、选词填空,并模仿造句

1. 饥不择食	2. 可有可无	3. 感人至深	4. 各司其职
5. 不堪入耳	6. 深不可测	7. 无影无踪	8. 细微末节
9. 宽容大度	10. 百无聊赖	11. 来者不拒	

Ⅱ 课文理解练习

一、根据课文内容判断正误

1. √	2. ×	3. ×	4. √	5. ×
6. √	7. ×	8. √	9. ×	10. ×
11. √	12. ×			

四、部分"阅读与理解"(见教材 p.289)参考答案

(一) 根据文章内容判断正误

| 1. B | 2. B | 3. A | 4. C |
| 5. A | 6. A | 7. B | 8. C |

陆　文化知识点补充说明

50 年代至今的中国歌曲回顾

　　1949 年中华人民共和国成立,随即开始新中国的建设,雄壮激昂的进行曲是 50 年代的主旋律,因此,这一时期的音乐具有鲜明的政治色彩,出现不少激情高昂的抒发对祖国、领袖、英雄、生活的热爱的"红色歌曲"。代表歌曲有《我的祖国》、《歌唱祖国》、《浏阳河》、《克拉玛依之歌》、《新疆好》、《草原之夜》、《英雄赞歌》、

《我是一个兵》等。但也出现了《九九艳阳天》、《敖包相会》等具有"新民歌"特点的爱情歌曲。

60年代歌曲多数都是歌颂社会主义，歌颂毛主席，歌颂共产党，代表歌曲有《毛主席的话儿记心上》《唱支山歌给党听》《大海航行靠舵手》等。

70年代初期，歌曲的创作已稍有转机，抒情歌曲的创作受到欢迎，题材和手法也见多样。如《我爱北京天安门》、《我爱这蓝色的海洋》、《北京颂歌》、《我爱五指山，我爱万泉河》《北京颂歌》等。1976年，"文化大革命"结束。欢快的《祝酒歌》旋律响彻神州，而抒情歌曲迎来了一个伟大的复兴。《太阳岛上》、《妹妹找哥泪花流》、《乡恋》、《边疆的泉水清又纯》传唱一时。

1978年，中国开始改革开放。进入80年代以后，随着卡式录音机和电影、电视、数字广播的普及以及港台歌曲的流行，内地通俗抒情歌曲创作也由此进入了一个新时代，"通俗歌曲"、"通俗唱法"得到了认可。《年轻的朋友来相会》、《小草》、《我爱你，塞北的雪》、《在希望的田野上》等80年代早期作品抒发了"80年代的新一辈"对祖国美好未来的憧憬与向往。而80年代中期《让世界充满爱》等歌曲则开始关注人生、社会、历史、人性，内涵更为丰富。80年代末，"西北风"席卷歌坛。"西北风"是中国西北高原民族特色的神韵和摇滚性音乐的结合，代表作品有《一无所有》、《信天游》、《黄土高坡》、《我热恋的故乡》等。

90年代后，中国进入飞速发展的年代，港台、国外的各种音乐大量涌入，内地的流行音乐也趋于成熟和多元化。